LETTRES

DE

S. CHARLES BORROMÉE,

ARCHEVÊQUE DE MILAN,

CARDINAL DE Ste. PRAXEDE,

Données au public pour la premiere fois.

L'original Italien est à la suite de la Traduction.

A VENISE,

Chez PIERRE BASSAGLIA, au marché Saint Sauveur, rue des *dei Stagneri*, à l'enseigne de la Salamandre.

M. DCC. LXII.

Avec Permission des Supérieurs & Privilège.

AVERTISSEMENT DE L'EDITEUR ITALIEN.

CES Lettres qu'on donne au public font écrites de la main du Secretaire de Saint Charles Borromée: elles font apostillées & signées par le Saint lui-même, & telles qu'elles ont été cachetées & envoyées à Rome à M. Cefar Spetiano, Protonotaire Apoftolique fon Agent, qui les raporta à Milan lorsqu'il y retourna. On les voit avec les Apoftilles, la Signature & le Cachet dans les Archives de la Bibliothéque Ambroifiene, attachées enfemble avec les réponfes que M. Spetiano envoyoit à Milan. La Copie qu'on en a faite & qu'on donne ici, eft exactement conforme à l'Original. Les renvois en marge qu'on y a mis avec cette note (a) marquent les Apoftilles écrites de la propre main de Saint Charles, qui les faifoit précifément de cette maniere, à la différence, qu'il mettoit entre les lignes ce que nous mettons ici en marge*, afin qu'on puiffe diftinguer ce qui a été ajoûté par

---

* Dans notre Traduction nous les avons infé-rées dans le Texte, en lettres italiques, pour ne point en interrompre la fuite.

A ij

Saint Charles au Texte, écrit par son Secretaire. Quoique nous ne puissions garantir que tout ait été écrit sous la dictée du Saint, il est du moins certain qu'il revoyoit le tout ; & que c'étoit alors qu'il y faisoit les Apostilles. On s'est néanmoins dispensé de distinguer de la même maniere quelques adverbes, & autres choses de peu de conséquence, que quelquefois Saint Charles ajoûtoit ou effaçoit pour rendre le stile plus clair , & peut être aussi dans le dessein de faire connoître à Rome, que ces Lettres ne partoient point sans avoir auparavant passé sous ses yeux. On a eu la plus grande exactitude à marquer les Registres où ces Lettres ont été transcrites , avec le *numero* & la datte , &c. Comme l'ordre dans lequel on a mis ces Lettres dans le Catalogue de la Bibliothéque, n'est pas tout à fait exact, on en a omis quelques-unes touchant la mauvaise conduite des Jésuites, & leur obstination à ne vouloir pas porter le Surplis au Confessional, bien différens en cela des Barnabites & des Théatins, qui exécuterent avec la plus prompte soumission les ordres du Saint Cardinal.

PRÉFACE DE L'IMPRIMEUR ITALIEN.

ON doit recueillir avec soin & lire avec respect les Lettres des Saints, parce que ce sont comme de précieuses reliques des sentimens de leur cœur. Ils y expriment avec candeur, ils y expliquent avec clarté, ils y exposent avec simplicité les jugemens intérieurs qu'ils ont formés de toutes les choses que le vulgaire considere tout autrement. L'Esprit de Dieu qui répand en eux ses lumieres, excite leurs sentimens & dirige leur main, se découvre & se manifeste dans leurs paroles, que l'homme animal ne peut comprendre, tandis que l'homme spirituel juge de tout.

C'est ce que l'on voit principalement dans les Lettres de ces serviteurs de Dieu, qu'il a suscités pour la réforme des mœurs, l'édification des peuples, & le rétablissement de la discipline dans le Clergé. Dieu se communiquant plus abondamment dans leurs écrits pour cette grande œuvre, c'est ce qui fait que leurs sentimens ont plus de force, leurs jugemens plus d'exactitude, & leurs avis plus d'utilité.

On ne peut nier qu'entre les Lettres de ce genre on doit faire un cas tout particulier de celles de S. Charles Borromée, qui n'ont point encore été données au public ; puisqu'on a vu se réunir en lui toutes les lumieres de plusieurs Saints qui l'avoient précédé. Il a réduit en pratique dans ses actions, dans ses Synodes & dans ses Lettres, les sentimens de la piété la plus vive, & les réglemens les plus efficaces de la discipline. Sa vigilance toujours attentive, & son zele embrasé d'une ardeur continuelle, ne connoissoit ni politique ni palliatif. Il ne déguise point dans ses Lettres les principes des désordres publics; les causes du relachement universel, & les secrettes racines des maux qui le faisoient gémir. S. Charles s'y montre à découvert. Personne n'échappe à ce severe censeur des vices.

Tout le monde trouvera dans ses Lettres des sujets d'instruction, de correction & de réforme. Les simples fideles y liront les maximes les plus pures de la morale, & les motifs les plus pressans d'observer les divins préceptes. Les Prêtres y trouveront le ta-

bleau des vertus propres à leur état &
l'affreufe image des vices contraires à
leur vocation. Les Confeffeurs y apprendront à connoître cette fageffe &
cette prudence qui doit animer leur
miniftere, & cette celefte doctrine dont
le dépôt leur eft confié. Mais il y aura
encore plus à profiter pour les Pafteurs,
qui étant, dans la vocation qui les
deftine plus particulierement au falut
des ames, plus expofés aux furprifes,
aux dangers, aux embuches dreffées
contre leur faint miniftere, ont plus de
befoin de fe remplir de lumieres, de
maximes & de regles, pour le choix des
perfonnes, à qui ils doivent confier une
partie de leurs pouvoirs. Dans ces mêmes Lettres ils apprendront à connoître les fujets dont ils doivent fe défier,
ceux dont ils doivent fe fervir, & tous
les moyens qu'ils doivent mettre en
ufage pour éviter les tromperies & les
artifices de ceux qui s'égarent, & demeurer inébranlables dans la défenfe
& le maintien de la difcipline.

C'eft comme par hazard que nous
font tombées entre les mains quelques
Lettres de ce grand faint, qui n'ont

point encore été publiées. Elles ont
été exactement copiées sur les originaux. Personne ne peut en douter &
nous nous en rendons garants. Nous
avons cru que ce seroit un vol, un lar-
cin & même un sacrilége de les retenir
par devers nous, parce qu'elles appar-
tiennent à l'Eglise pour laquelle elles
ont été écrites. C'est donc ici moins
une publication qu'une restitution faite
au Public, qui y a tant d'intérêt. C'est
moins une édition, que l'exécution de
l'intention de l'Auteur, qui ne les a
pas écrites pour lui, mais pour les autres. Nous les donnons telles qu'elles
font, nous faisant le plus grand scru-
pule de les altérer le moins du monde,
de les grossir par la moindre réflexion,
d'y changer aucuns termes, quoique
moins en usage & peut-être moins en-
tendus aujourd'hui, qu'ils ne l'étoient
alors ; enfin d'en réformer même l'or-
tógraphe, ou de supprimer les addi-
tions faites de la main du Saint Auteur,
pour corriger l'original. Tout est sacré
dans un tel dépôt. Et de notre part
tout doit répondre à notre sincerité &
à l'attente du Public.

AVERTISSEMENT

DU TRADUCTEUR.

LEs Lettres que nous donnons en notre langue , ont toujours été très connues en Italie. Le crédit de la Compagnie qu'elles intéreſſent , en avoit juſqu'ici empêché l'impreſſion. Une perſonne illuſtre a trouvé le moyen d'en avoir une copie tirée avec la plus grande exactitude ſur les originaux. L'édition qu'elle en a fait faire à Veniſe , eſt des plus authentique. Elle a été faite publiquement avec l'Approbation des Magiſtrats,qui ne l'ont donnée qu'après s'être aſſurés de la vérité de ces lettres.

Nous n'ajouterons rien à ce que l'Editeur Italien dit de leur importance. Le mérite ſeul & la ſainteté de l'Auteur de ces lettres , ſuffiſent pour leur concilier la confiance & la vénération du Public. Nous nous contenterons de rapporter ici un petit nombre de faits qui peuvent ſervir a en éclaircir quelques endroits.

A v

S. Charles Borromée élevé l'an 1560. au Cardinalat & à l'Archevêché de Milan, à l'âge de 22 ans, par le Pape Pie IV son oncle, n'eut pas plutôt connu ses devoirs par les entretiens qu'il eut à la fin du Concile de Trente, avec le S. Archevêque de Brague, Dom Barthelemi des Martyrs, qu'il s'efforça de les remplir avec ce zele & cette application qui l'ont rendu le modele de tous les bons Pasteurs de ces dernieres tems.

Un de ses premiers soins fut de faire cultiver par les ouvriers qu'il crut les plus excellens, la vigne que le Seigneur lui avoit confiée. La Compagnie des Jésuites étoit dès lors, quoique fort récente, extrêmement accreditée. Pie IV, oncle de S. Charles, avoit pour eux la plus grande estime. Malgré la réclamation & les protestations de tout le Clergé Romain, ce Pontife leur donna en 1564 la direction du Séminaire de Rome. Il ôta à des Religieuses de cette Ville un grand & beau Monastere que la Marquise des Ursins niéce du Pape Paul IV. leur fondatrice, leur avoit fait bâtir, & le donna aux Jésuites, qui y transporterent leur Collége, après en avoir chassé les Religieuses. Le Jésuite Ribadeneira rapporte qu'un jour en sa présence & devant le Cardinal Farnese, Pie I V dit à l'Ambassadeur de Portugal, *que les Jésuites étoient d'une maniere toute particuliere les troupes du Pape, & que quand quelqu'un entre dans la Société, le Pape lui devroit donner une paye comme à son soldat.*

La Compagnie devoit surtout ce grand crédit à l'habile & intrigant Lainez, alors son second Général. S. Charles encore très - jeune, prenoit ses conseils, à l'exemple du Pape son oncle. Il n'est donc point étonnant qu'il eût alors la plus grande confiance dans les Jésuites. Aussi les croyant tout-à-fait propres à seconder son zele pour le salut des ames, il les établit à Milan & dans plusieurs autres Villes de son Diocèse. En 1566 il leur fonda un Collége dans la Ville Capitale, & leur donna l'Eglise Paroissiale de S. Fidele avec plusieurs maisons voisines. Le Pape Pie V. avoit taché de l'éclairer sur les Jésuites ; mais il n'y réussit pas. Il eut beaucoup de peine à lui accorder le Bref pour l'établissement de ces Peres à Milan, & lui fit une prédiction sur le chagrin qu'ils lui causeroient, & que l'évenement n'a que trop vérifiée.

Après la mort de Pie V. S. Charles obtint de Grégoire XIII pour les Jésuites l'an 1572, le gros Prieuré de Brera à Milan, lequel avoit appartenu à la Congrégation des Humiliés éteinte par Pie V, & y transfera leur Collége. Il y fit encore unir sa riche Abbaye d'Arone dont il se démit en leur faveur. Il leur confia la direction de tous les Séminaires qu'il avoit fondés. Il leur procura des maisons & Colléges à Lucerne & à Fribourg en Suisse & en d'autres endroits.

S. Charles ayant ainsi comblé les Jésuites de bienfaits, avoit droit de compter sur leur reconnoissance, & il se flattoit qu'ils seconderoient son zele pour la réforme de son Clergé & de son peuple. Il se trompoit. La pureté de sa morale & la sévérité de sa discipline déplurent aux

Révérends Peres, dont les vues étoient infiniment éloignées de celles du S. Cardinal.

Après de grandes contradictions & nombre d'obstacles qu'ils ne cessoient d'opposer à l'exécution de ses reglemens les plus sages & les plus nécessaires, ils se liguerent secretement avec le Marquis de Requesens, Gouverneur de Milan, & avec son successeur, pour susciter au S. Archevêque mille traverses & mille embarras. Enfin ils souleverent contre lui un des plus emportés de leurs Religieux, nommé le P. Jules Mazzarin, qui fut l'objet de la plupart des lettres que nous donnons. Ce fougueux Jésuite appuyé de ses Supérieurs, osa déclamer en pleine Chaire dans la Cathédrale de Milan en 1578, contre la personne de S. Charles, contre ses saintes instructions & contre ses reglemens de discipline. Il y débita la morale empoisonnée que la Compagnie commençoit à répandre dans le monde. S. Charles s'en plaignit inutilement aux Supérieurs de ce Jésuite. Bien loin de punir cet insolent, ils l'admirent à la profession & le firent prê-

cher le Carême en 1579 fans la permiffion du S. Cardinal, dans l'Eglife
de leur Collége de Brera, où il fe
livra à des emportemens encore plus
furieux que dans le Dôme de Milan.
Ses infolences, & plus encore la licence
de la morale corrompue qu'il prêchoit
tout ouvertement, obligerent enfin
S. Charles d'agir contre lui. Alors
les Supérieurs des Jéfuites & tous ceux
d'entre eux qui fe trouvoient déja
infectés de l'efprit du Régime, fe dé-
clarerent fans ménagement contre le
S. Archevêque. Ils fe rendirent fes
parties adverfes à Rome, pour fou-
tenir leur Mazzarin. Ils repandirent
dans cette Ville, à Milan, dans tout
le Diocèfe & dans toutes les Villes
circonvoifines, des mémoires & des
relations pleines d'invectives & de
calomnies pour des honorer un fi grand
Saint, dont fon fiécle n'étoit pas digne. On verra dans fes lettres tout le
détail de cette perfécution.

La tendre charité de S. Charles lui
caufa pendant cette perfécution,
d'étranges embarras fur ce qu'il devoit penfer des Jéfuites. Accoutumé

dès son enfance à estimer leur Compagnie, il avoit toutes les peines du monde à se persuader qu'elle fût déja animée d'un esprit ennemi de tout bien. La grande confiance qu'il avoit toujours eue pour elle & à laquelle il rend encore de tems en tems témoignage, lui causoit la plus vive surprise de voir le déchainement auquel un grand nombre d'entre eux, & surtout leurs Supérieurs se livroient contre lui. D'ailleurs il voyoit encore quelques Jésuites, qui lui paroissoient honnêtes gens. Le regne d'Aquaviva qui ne commença qu'en 1581, n'avoit point alors entierement corrompu cette Compagnie, & réduit à un très petit nombre les gens de bien, que S. Charles y voyoit & qui étoient le véritable objet de ses éloges : mais l'Esprit de Dieu qui l'éclairoit de plus en plus, lui faisoit prévoir l'horrible abyme de corruption où elle ne devoit plus tarder à se précipiter, & il la prédit bien clairement dans sa 6e lettre. Il n'étoit pas le seul. Le P. Adorno son Confesseur, quoique Jésuite, M. Spetiano son agent, le Cardinal de Gambara, un S. Archevêque d'Urbino perfécuté auffi par le P. Mazzarin & fes Supérieurs, prévoyoient & prédifoient comme S. Charles, cette entiere décadence de la Compagnie Ils y voyoient déja le mal faire les plus grands progrès, & les bons Jéfuites eux-mêmes ne douterent plus qu'il ne fût bientôt à fon comble, quand ils virent Aquaviva élevé au Généralat de la Compagnie dans la quelle il fit regner le Pelagianifme, le Regicide, la Probabilifme, le péché Philofophique, l'ignorance invincible, & tant d'autres erreurs qui ont ravagé la foi & la morale de l'Eglife. Mais S. Charles ne vit que les commencemens de tant de maux, qui le déterminerent à ôter aux Jéfuites la direction de fes Séminaires & l'adminiftration de fes Colléges. Il mourut peu a près à l'age de 46 ans, la nuit du 3 Novembre 1584, laiffant à tous les Evêques, dignes de leur miniftere, & qui défirent leur falut & celui de leurs peuples, l'exemple de la conduite qu'ils doivent tenir à l'égard d'une Compagnie *plutôt née pour la deftruction que pour l'édification.*

S. Fac.Par. Dec. an. 1554.

PREMIERE LETTRE.

Monsieur,

Outre les Mascarades & les Joutes
scandaleuses, qui se sont faites ces der-
niers jours à Milan, & dont je vous
ai déja écrit, on m'a assuré que le
Marquis Gouverneur avoit résolu de
donner les mêmes spectacles tous les
Dimanches de ce Carême. On a même pour cet effet travaillé avec beaucoup d'activité toute la nuit de Dimanche dernier dans le Couvent de
la Porte Romaine. Je crois bien qu'on
n'a eu dessein de faire une mascarade
ce premier Dimanche, que sous pré-
texte qu'autrefois dans le tems où les
ténébres & la corruption régnoient,
on ne le regardoit pas comme un
Dimanche de Carême, & parce qu'outre cela on avoit déja préparé les mas-
ques, les quadrilles étoient toutes for-
mées, & tout étoit disposé pour faire
de ce saint jour une fête de Carnaval.

Cependant voici la quatriéme année
que par mes Lettres Paſtorales , Man-
démens & Ordonnances faites, comme vous le ſçavez , avec une grande
délibération ; ce Dimanche a été déclaré le premier jour de Carême. Le
peuple lui - même l'a reconnu dans
cette qualité & l'a ainſi obſervé cette
année. Il a même obéi avec tant de
ſoumiſſion à mon Mandement , que
le vendredi & le Samedi d'auparavant il ne s'eſt rien paſſé qui y fût contraire. Ainſi , jugez combien doit être
public le ſcandale que ces déſordres
auroient cauſé , & à quel excès ils auroient troublé les dévotions qu'on a
coutume de faire en ce tems-ci. Vous
pouvez facilement l'imaginer en vous
repréſentant ſeulement la nouveauté
même de ces abus , puiſque perſonne
ne ſe reſſouvient que dans les tems
mêmes les plus corrompus , on ait jamais commis à Milan de ſemblables
profanations. Auſſi pour m'oppoſer à
un excès ſi pernicieux & d'une ſi grande conſéquence , j'ai pris la réſolution de dreſſer & faire publier le Mandement dont je joins ici un exem-

plaire. Le préambule vous fera connoître la multitude de ces défordres
commis ici ces jours paffés. Ce Mandement a fait beaucoup de fruit ; car
non-feulement on n'a pas fait Dimanche les mafcarades, les joûtes & les
autres fpectacles femblables ; mais on
a même paffé tout ce jour en dévo-
tion, & le peuple eft venu à l'Office
Divin, à l'Eglife Métropolitaine, en
plus grande foule qu'on ait vû depuis
long-tems.

Mais comme il pourroit facilement
arriver que le Marquis fît à Rome
quelques plaintes de mon Mandement,
j'ai voulu vous donner avis de ce qui
s'eft paffé, afin que vous puiffiez répondre & parler comme il faut, en
tems & lieux convenables. Je penfe
même que vous ferez bien d'en pré-
venir Notre - Seigneur : (le Pape)
quoique j'imagine que le Marquis
aura fi grande honte d'avoir ordonné ces vilenies, qu'il n'ofera peut-
être en parler, que pour s'excufer en
difant que ce ne font pas des fpectacles, mais des exercices néceffaires
à la jeuneffe & aux foldats. A quoi je

répons que tous ceux qui s'y font li-
vrés font des Nobles, & qu'ils peuvent faire ces prétendus exercices les
jours ouvriers, plus fouvent, s'ils le
veulent, & hors des places publiques,
fans y faire venir les Dames, enfin
hors de la ville dans les endroits où
font les foldats, & non pas à Milan,
ou du moins hors des portes, comme
je l'ai dit, & fans ce concours & ces
affemblées publiques où il fe fait des
milliers de péchés. Pour vous donner même des preuves trop convain-
cantes de la vérité de ce que j'ai dit
dans le préambule de mon Mandement, je vous enverrai l'ordinaire
prochain un petit procès-verbal des
défordres qui font arrivés ces jours-
là.

Quand à l'obfervance du Dimanche appellé *in capite Quadragefimæ*,
& qui eft vraiment ici le premier jour
de notre Carême, je crois qu'en tout
cas on n'ofera pas la contredire à Rome. Je ne voudrois pas même qu'on
mît cette obfervance en queftion, parce qu'on l'a très-bien pratiquée cette
année. Cependant je dois vous dire

que ce font plufieurs Prédicateurs é-
trangers qui m'ont convaincu par des
raifons évidentes, que c'étoit un abus
de ne pas regarder ce Dimanche comme le premier jour de Carême. J'ai
confulté là-deffus les Cardinaux Sir-
let & de Ste. Severine, & plufieurs
autres, dans le tems que j'étois à Rome. J'ai tenu même à Milan plufieurs affemblées à ce fujet, & par-
tout on a décidé que c'étoit un abus
contraire aux ufages anciens même de
l'Eglife de Milan. En conféquence je
commençai dès-lors à avertir le peuple par une Lettre Paftorale bien fondée en raifons, qu'on devoit faire
carême ce jour-là. Je l'exhortai à ne
plus s'abandonner à l'abus contraire.
Mes avertiffemens furent bien reçus
& pratiqués. J'ordonnai par un autre
Mandement l'année fuivante cette obfervance, & l'on s'y conforma affez
généralement. Je fis en conféquence
un Statut pour le Diocèfe, & il eft
maintenant mieux obfervé que jamais.
Malgré cela je vous envoie, à toute
fin, une inftruction fur les motifs qui
m'ont porté à faire cette ordonnance
& cette réforme.

Quant à la prohibition des mafcarades , joûtes & autres chofes femblables dans le Carême & même les
jours de fêtes du refte de l'année ,
fur - tout pendant le tems de la célé-
bration des Offices Divins , vous fa-
vez que cela eft conforme non - feulement aux Saints Canons , & aux
Conciles , mais encore aux loix ci-
viles. J'ai même jugé que je devois
me fervir de l'occafion & de la con-
jonɛture des calamités publiques , &
de tant d'excès fi contraires aux inten-
tions de Sa Majefté Catholique , pour
mettre à exécution le décret de notre
troifiéme Concile Provincial , revu &
approuvé à Rome , où la Congrégation a même ajouté cette parole *faltem*
(du moins) à l'article des danfes , &
non à celui des joûtes. Mais j'ai fait
mon Mandement auffi moderé qu'il
l'eft , pour procéder d'une maniere
irréprochable , à l'augmentation que
j'ai donnée à la peine prononcée; parce
que je l'ai cru néceffaire dans les con-
jonɛtures où je me trouve, pour étre
obéi. Vous rendrez compte de tout
cela , comme vous le jugerez à pro-

pos, à Sa Sainteté. Mais fur-tout prenez garde qu'il ne fe paffe rien à Rome de contraire à ce que j'ai fait pour des raifons fi juftes, ni à ce qui a été ordonné dans le Concile Provincial qu'on y a approuvé.

J'apprens que le Marquis fe plaint de la Lettre Paftorale que j'ai adreffée en dernier lieu à mon peuple. Il dit qu'elle eft trop mordante. Mais je ne mors & ne reprens que les erreurs, fans dire que ce font les fiennes ni celles d'aucun autre en particulier. S'il veut bien reconnoître que c'eft lui qui a été la caufe des défordres & des diffolutions qui font arrivées, qu'il fe plaigne de lui-même, & qu'il ne lui paroiffe pas étrange que je reprenne les vices. L'Evangile le fait plus durement que moi. Notre-Seigneur Jefus-Chrift & tous les Saints l'ont fait plus févérement, & c'eft le devoir effentiel d'un Evêque. Quand il ne peut remédier auffi efficacement qu'il le defire aux défordres de fon peuple, furtout quand ils font publics; il doit au moins faire voir toute la douleur qu'il en reffent, & combien ils déplaifent

à Dieu : enfin que non - seulement il
ne les approuve point & n'y consent
pas ; mais qu'au contraire il les con-
damne, afin que le peuple fidele s'en
abstienne.

Vous saurez que le Marquis voyant
qu'on ne recevoit point ses Musiciens
sans surplis pour chanter dans les Eglises des Prêtres séculiers, n'alloit plus
que dans celles des Religieux. Quant
à moi , ayant assemblé au commencement du Carême tous les Confes-
feurs & Supérieurs réguliers , je les ai
avertis entr'autres choses de ne pas
admettre dans leurs Eglises des Chan-
tres , mêmes laïques , sans surplis , &
sans attestation de vie & de mœurs,
conformément au Décret de mon quatriéme Concile Diocesain. J'apprens
que le Marquis en est piqué ; qu'il
fait à ce sujet des menaces en préten-
dant que c'est une entreprise sur la
Jurisdiction Royale : ce qui est vraiment ridicule. Je vous en donne cependant avis, afin que s'il s'avisoit d'en
écrire à Rome, Sa Sainteté ne chan-
ge point les bonnes dispositions où
elle étoit, dans le tems que vous lui

avez

avez parlé de cette affaire. Pour moi, je suis très-résolu à interdire les Musiciens qui n'obéïront pas.

A cette occasion, je ne dois pas oublier de vous dire qu'il y a ici un Pere du Jesus, * qui est le Confesseur du Marquis. Ce Pere est habile ; mais il fait grand usage de sa doctrine pour entretenir dans l'esprit du Marquis, & soutenir opiniatrément, méme hors du Tribunal de la Pénitence, certaines maximes, qui, si elles ne sont pas entierement fausses, sont du-moins très - pernicieuses à débiter. Il emploie je ne sais quelles distinctions abstraites, au moyen desquelles il décide que telle chose est péché mortel, telle autre, non ; l'Evêque peut

---

* *Note du Traducteur.* Saint Charles appelle toujours les Jésuites *les Peres du Jesu* ou *de la Compagnie du Jesu*, *Padre del Gesu* ou *della Compagnia del Gesu*, apparemment par ce que n'approuvant pas le nom qu' ls se donnent *de la compagnie de Jesus*, il ne vouloit leur donner que le nom de la Maison Professe qu'ils ont à Rome, qui est la principale de leurs Maisons, & qu'on appelle *le Jesus* ou *le Grand Jesus*.

B

ordonner ceci , il n'a pas droit d'ordonner cela , & bien d'autres chofes
femblables. C'eſt là un de ces obſta-
cles que j'äi éprouvés autrefois pendant long-tems de la part de la Compagnie de ces bons Peres. Cela fait
que le Marquis voyant ſes opinions
approuvées & confirmées , ſe rend
d'autant plus difficile & incapable d'entendre raiſon en beaucoup de chofes.
Vous pouvez imaginer combien de
troubles & de ſcandales il en peut
réfulter tous les jours. Je ne doute
point que ces Peres n'en ſoient informés ; c'eſt pourquoi je ne nomme point
celui-ci. Mais je voudrois bien qu'ils
y miſſent ordre efficacement , d'autant plus qu'ils ſavent combien l'autre a cauſé de maux , auxquels ils n'ont
pas voulu remédier par leurs conſidé-
rations politiques. Que Dieu Notre-
Seigneur ſoit toujours avec vous, à Milan ce 12 Mars 1578. Tout à vous. *Le*
Cardinal de Ste. Praxede. L'adreſſe eſt
avec ſon cachet à *M. Céſar Spetiano*
Protonotaire Apoſtolique. A Rome.
    Note de l'Éditeur. M. Céſar Spetia-
no étoit natif de Cremone. S. Charles

Borromée le fit Chanoine de Milan.
Enfuite il le fit fon Agent à Rome ,
où il le chargea de fes affaires les plus
importantes. » Il paſſa pluſieurs an-
» nées dans cet emploi, (dit Ughelli,)
» & s'y rendit célébre par ſa prudence
» .& fon habileté dans les affaires.
» Grégoire XIII. ayant reconnu fon
» mérite le fit Evêque de Novare vers
» la fin de fon Pontificat, c'eſt-à-dire ,
» l'an 1585. Il s'y rendit le 1 de Mars.
» Gregoire XIV le transfera depuis
» en 1591 le 30 Janv. à l'Evêché de
» Cremone, où il mourut en 1607.

La Lettre que nous vénons de donner eſt enregiſtrée au tome 16. p. 2.
fous le numero 113. & la réponſe de
M. Spetiano s'y trouve fous le numero 129.

SECONDE LETTRE.

MONSIEUR,

Il y a ici, à Milan, un Pere de la Compagnie du Jesus, appellé le Pere Jule Mazzarin, qui prêchant l'an paflé à la Cathédrale, & cette année avec encore plus d'emportement dans leur Eglife de Brera (a), a faifi toutes les occafions de débiter toutes fortes d'extravagances, & de parler directement & indirectement contre les Ordonnances faites *par les Supérieurs Eccléfiaftiques* pour la réforme & le bon gouvernement fpirituel de mon Diocèfe. *Il a été jufqu'à répandre des maximes contraires à l'obéiffance qu'on leur doit, & autres propos fcandaleux.* L'année derniere je diffimulai & j'excufai

---

(a) C'eft le nom du College des Jéfuites de Milan.

beaucoup de chofes , à caufe de l'emportement de fon efprit , que j'attri-
buois à un naturel difficilement fuf-
ceptible de correction , & je me bor-
nai à lui faire dire par fes Supérieurs
combien j'étois mécontent de lui. C'eft
ce qu'ont fait auffi plufieurs fois mes
autres Officiers ; afin que fes Supérieurs , par une voie moins fâcheufe
pour lui , l'aidaffent de leurs avis &
s'efforçaffent de lui infpirer plus de
modération jufqu'à la fin du Carême
& de fes Prédications dans la Cathédrale.

Mais tout ce que j'ai pû faire à fon
égard par le moyen de fes Supérieurs,
n'a pas fuffi pour l'arrêter & l'empêcher de découvrir de plus en plus
la perverfité de fon génie : tout ce
que j'y ai gagné c'eft que fa maniere
de prêcher , par laquelle il charmoit
les efprits inquiets , & amis de la morale relâchée & de la mauvaife difcipline , lui a fait obtenir de fes Supérieurs la Station de leur Eglife de
Brera. Alors tout bouffi de la faveur
de ces fortes de gens & du grand concours de femmes mondaines , de pe-

tits - maîtres, & d'autres perſonnes
de cette eſpéce que lui attirent ſes
prédications commodes & indulgen-
tes, il s'eſt démaſqué & gâté de plus
en plus. Dès le commencement de ce
Carême il a fait éclater mille preuves de ſes mauvaiſes diſpoſitions. Sur-
quoi j'ai mandé ſon Provincial & parlé
au Recteur de Brera, qui prêche maintenant à la Cathédrale, & à ſon Vicaire, pour me plaindre de ſes excès. J'ai
même chargé expreſſément le Provincial de lui déclarer de ma part, que
s'il ne prenoit pas le parti de ſe corriger, j'étois réſolu de lui interdire la
prédication; que je le ferois ſuivre dans
tous ſes Sermons, & qu'à la premiere
parole qui lui échapperoit, j'exécute-
rois ma réſolution.

L'effet de cette démarche a été que
dans ſes deux Sermons ſuivans du Dimanche & du Lundi, à l'un deſquels
aſſiſta le Gouverneur avec les Magiſtrats, il fit grand bruit à ce ſujet. Il
déclama contre les eſpions qui l'é-
coutoient, & après pluſieurs autres
ſemblables extravagances il déclara
qu'il ne dépendoit que de Dieu & de

fes Supérieurs. En même-tems je reçus de plufieurs endroits des mémoires fur les fcandales de fes Sermons , & fur les maux qu'ils étoient capables de caufer parmi le peuple , & qui le faifoient appeller par quelques-uns *la pefte de Milan.* Dans ces circonftances ayant toujours autant aimé cette Compagnie que chacun le fait , & que tout le monde le peut dire , puifque j'ai confié le foin de ma confcience à un de leurs Peres , & que je fais toutes mes retraites & mes exercices fpirituels fous la direction du P. Adorné de leur Compagnie , j'ai marqué même dans cette occafion toute forte de confidération & d'égards pour l'honneur de cette Société : mais d'un autre côté j'ai crû être encore plus obligé à Dieu & à la confervation de la difcipline chrétienne parmi mon peuple. *C'eft pourquoi* voyant que les Supérieurs de la Société qui font ici ne pouvoient remédier à ce défordre, & que fi je gardois plus long-tems le filence, cet homme étoit capable de détruire dans un feul Carême , peutêtre tout *le bien qui s'eft fait dans les*

ames de ce peuple depuis plufieurs années, j'ai eu recours à un reméde plus
efficace. En conféquence j'ai ordonné
qu'on fît une information de tout ce
qu'on favoit de lui, & j'ai penfé d'a-
bord à lui interdire la prédication en
vertu des Décrets de la cinquiéme &
de la vingt-quatriéme Seffion du Concile de Trente. Mais ayant fait voir
les informations que j'avois ordonnées,
par le Pere Inquifiteur de cette ville
& par l'Evêque de Lodi, qui étoit ici
pour lors, & par d'autres encore, il fut
décidé qu'il y avoit des Propofitions
fufpectes en matiere de foi, & notam-
ment touchant le pouvoir du Pape &
fur d'autres points ; ce qui fit juger
qu'il falloit en faire un examen en
forme.

Cet examen a été commencé par
mon Vicaire Général avec le Pere
Inquifiteur & fon Vicaire. Par égard
pour la Société, l'accufé fut renvoyé
le foir à fon Couvent de Brera, en
lui donnant tout le Monaftere pour
prifon, avec défenfes néanmoins d'entrer dans l'Eglife tant que dureroient
les informations, & l'examen de fon

affaire , à quoi l'on vaque fans difcon-
tinuer. Mais dans le tems même de
cet examen il a laiffe échapper des
difcours pleins d'orgueil , difant qu'il
auroit des protecteurs , & femblables
impertinences. Il peut bien arriver que
le Gouverneur faffe pour lui de vives
démarches à Rome , & qu'il excite
ici des gens à donner des atteftations
en fa faveur , parce qu'ils ne favent
pas qu'il s'agit dans cette affaire de
matieres de foi.

Les mérites de la Compagnie &
l'amour qu'on a pour elle peuvent
faire impreffion fur bien des perfonnes & fur ces Peres eux-mêmes , à qui
le zèle qu'ils ont pour la réputation
de la Compagnie fera diffimuler qu'il
s'agit ici de la foi. De forte qu'il ne
feroit point étonnant qu'ils fiffent tous
leurs efforts pour diminuer fes fautes.
J'ai même appris qu'ils ont envoyé
à Rome un courier extraordinaire à
cette occafion. C'eft pourquoi j'ai ré-
folu , quand toutes les procédures feront achevées , de faire le rapport de
toute l'affaire à M. le Cardinal Sa-
yello , afin qu'on en décide à Rome.

B v

Je ne fuis pas d'avis pour le préfent de parler à d'autres , des points qui regardent la foi , fachant avec quel zèle , quelle fincérité & quelle vérité il feront vus & difcutés en ce pays-là , & ne devant pas en porter de jugement avant la connoiffance qu'on y doit prendre d'une affaire de cette importance.

Mais parce que fur les autres chefs j'ai une parfaite connoiffance de la faute de ce Pere, dont on ne peut facilement mettre en détail au grand jour tout ce qui peut en faire connoître la griéveté, j'ai pris à ce fujet un autre parti. *Un femblable détail ne peut s'apprendre que par des voies fur lefquelles on eft obligé de garder le fecret ,* parce que comme vous le comprenez , les témoins ont bien des ménagemens à garder. D'ailleurs le mal que ce Pere a caufé eft beaucoup plus grand , qu'on ne le peut faire connoître de vive voix & par écrit. Les procédures mêmes ne peuvent le faire voir de loin tel qu'il eft. C'eft pourquoi je me fens étroitement obligé , pour le bien des ames confiées à mes

foins , & de la difcipline Eccléfiaftique , même hors de mon Diocéfe, de
fupplier N. S. (le Pape ,) Monfeigneur le Cardinal Savello & fes illuf-
trilfimes collègues , lorfqu'il en fera
tems , que quand même l'innocence
de ce Pere feroit manifefte en ce qui
touche la foi , il leur plaife d'exiger
de lui fur les autres chefs une réparation éclatante. Il ne fuffiroit pas de
lui ordonner de la faire en Chaire ,
parce que je fuis prefque fûr qu'il ne
feroit qu'une réparation eftropiée &
trop différente de ce qu'il devroit
dire ; on ne peut en effet attendre autre chofe d'une femblable cervelle ,
que fes Peres eux - mêmes regardent
comme indomptable. Il feroit donc
néceffaire de lui ordonner de s'abftenir
pendant quelque tems de la Prédication , dont il s'eft acquitté d'une maniere fi pernicieufe , & fur - tout de
fortir de mon Diocéfe, & de n'y pas re-
mettre les piés de long - tems , du-
moins pour y prêcher , afin que le peuple fache que N. S. (le Pape) n'approuve point de femblables emportemens d'un homme qui infpire une li-

B vj

cence ſi pernicieuſe & ſi contraire à la
diſcipline chrétienne , au reſpect &
à l'obéiſſance dûe aux Supérieurs Ec-
cléſiaſtiques. Enfin , ſi je ne connoiſ-
ſois la tendre affection que tous ces
Peres ont pour leur Société , & qui
peut-être les empêche de voir la choſe
telle qu'elle eſt , je prendrois la liberté de prier, pour concluſion de cette
affaire, N. S. (le Pape) d'obliger en
conſcience le Provincial actuel de la
Compagnie dans cette Province , &
celui qui l'a été les dernieres années ,
& qui maintenant eſt Recteur de
Brera , de dire à Sa Sainteté ce qu'ils
penſent de cet homme & de ſa conduite dans ſes Prédications. Je ſuis
perſuadé que cela ſuffiroit pour porter
N. S. (le Pape) à ordonner de toutes manieres ſans retardement & ſans
difficulté, la ſatisfaction que je demande , quand même il n'y auroit rien
à dire ſur l'article qui concerne la foi.
Sa Sainteté même en demeureroit per-
ſuadée, que ce ſeroit un vrai bien pour
ce Pere, qui ſe trouve de plus en plus
convaincu par l'examen qu'on fait de
ſa perſonne , d'avoir même hors des

prédications, servi de puiffant inftru-
ment pour nourrir & fomenter par fa
doctrine & fes confeils les paffions qui
fe foulevent quelquefois contre l'autorité Eccléfiaftique. Que Dieu Notre-
Seigneur foit toujours avec vous. A
Milan le 27 Mars 1579. Rendez plei-
nement compte de tout ceci à N. S.
(le Pape) & à Monfeigneur le Cardinal Savello, parce qu'il eft Préfident du
St. Office. Tout à vous *le Cardinal
de Ste. Praxede.*

Poft-fcriptum. J'apprens qu'il fe répand un bruit parmi les Peres de la
Compagnie, que je n'ai fait le procès
au Pere Mazzarin, qu'à la follicitation fecrete du Pere Adorno. Rien n'eft
plus éloigné de la vérité & de la probité de ce Pere, que ce foupçon. Si une
femblable idée féjournoit chez eux,
j'aurois bien plus de fujet de croire
que les paffions ont une grande force
dans cette Compagnie, & qu'il fau-
droit une main bien courageufe pour
les y extirper. Il eft fi faux que le
Pere Adorno m'ait fait aucune follicitation, que quand il fçut le parti

que j'avois pris d'interroger juridique-
ment le P. Mazzarin & de l'enfermer
dans ſa maiſon , il vint les larmes aux
yeux me prier avec inſtances , de ne
point faire de ſemblables procédures
contre ce Pere , par égard pour la
Compagnie. Je deſire que vous com-
muniquiez ceci au Pere Général , & à
quiconque a de pareilles idées. Vous
lui direz en même tems, qu'ayant dans
ſa Compagnie un ſujet d'une ſi grande piété & probité , qu'il n'y en a
point qui le ſurpaſſe , & peut - être
même qui l'égale ſur ce point , il me
paroît que c'eſt en vérité lui faire une
trop grande injure , que de le ſoup-
çonner de rien de pareil.

L'adreſſe de cette Lettre eſt à *M.*
CéſarSpetiano Protonotaire Apoſtolique
à Rome. Elle eſt enregiſtrée au tome
xvj p. 2. num. 140.

I I I.

Extrait de la Lettre 66. à la fin , c'est-à-
dire au Post-scriptum , *tome xvj p. 2.*

VOus direz à N.S. (le Pape) & à
M. le Cardinal Savello , que les
examens du P. Mazzarin font finis ,
& qu'on va lui en délivrer une expé-
dition pour qu'il puisse travailler à sa
défense. Cependant j'enverrai à Sa
Sainteté l'ordinaire prochain tout le
procès , parce que pour plusieurs raisons , je pense qu'il doit être vû à Rome, & qu'on y délibére sur cette affaire , afin qu'on vous y donne les ordres
qu'on pourra juger à propos. Je dois
encore vous dire que ce Pere , pour
faire ressource de tout, veut faire croire
que son affaire intéresse la Jurisdiction
Royale , & que je ne le tourmente
que pour donner du chagrin au Gouverneur & aux Magistrats , parce qu'il
compte beaucoup sur la Jurisdiction
Royale. A Milan ce 11 Avril 1579.

QUATRIÉME LETTRE.

MONSIEUR,

On a donné copie au Pere Jule
Mazzarin des procédures faites contre lui , *afin qu'il puiſſe travailler à ſa
défenſe.* Je vous les envoie avec cette
Lettre , afin que vous en preniez
vous-même lecture d'abord pour votre inſtruction. Vous cacheterez en-
ſuite le tout, & vous le remettrez à
N. S. (le Pape) ou à Monſeigneur le
Cardinal Savello par ſes ordres. Comme je vois que ce Pere cherche à ſe
procurer beaucoup de reſſources &
de protections , & qu'il veut employer
bien des voies indirectes , pour ſor-
tir d'affaire , plus inſolent que jamais ;
pour cette raiſon & autres encore , j'ai
jugé qu'il convenoit , comme je vous
l'ai déja mandé , que cette affaire ſe
termine à Rome , & que *de - là* on
noûs ordonne ce que nous devons faire pour y mettre entierement fin. Par

cette raison j'envoie auffi un mémoire
fur ce que le fifc prétend à fa charge,
& l'on enverra enfuite fes défenfes,
telles qu'il les aura faites, fi Sa Sainteté l'ordonne. Quoiqu'il puiffe arriver que fes défenfes fourniront encore plus de griefs contre lui que le procès même, à la réferve néantmoins
d'amples certificats de la bonne opinion qu'on a de lui, & qu'il ne manquera de faire inferer au procès, les
points effentiels de fon affaire confiftent
plus dans fes Sermons écrits, & dans fes
interrogatoires, que dans les dépofi-
tions des témoins. J'imagine que N. S.
(le Pape) remettra cette caufe à Monfeigneur le Cardinal Savello, comme Grand Inquifiteur. Je connois le
grand amour que fa Seigneurie Illuftriffime a pour la Compagnie de ces
Peres, en quoi je l'imite véritable-
ment. Je l'ai fait voir en une infinité
d'occafions, & le montrerai toujours
à l'avenir, comme je l'ai fait encore
ces jours paffés à l'égard d'un autre de
ces Peres, à qui en prêchant à la Cathédrale, il échappa par un excès d'é-
xageration une propofition qui n'é-

toit point ortodoxe. On y pourvut secretement en l'obligeant de s'expli-
quer & de rétracter ce qui n'étoit pas
éxact, sans faire là-dessus aucun éclat,
& du consentement du Pere Inquisi-
teur. On jugea qu'il n'avoit point péché par malice ; car d'ailleurs le ca-
hier où son Sermon étoit écrit se trou-
va exact.

Mais quand les choses ne se passent
pas ainsi, je suis plus redevable à Dieu,
à l'intérêt de la foi & de la morale
chrétienne dans sa Sainte Eglise, qu'à
toute autre considération. Ainsi, comme il s'agit d'une matiere aussi importante que la foi, sur-tout dans
le tems où nous sommes, je n'ai pû
me dispenser de faire mon devoir.
Mais quand même je n'aurois pas eu
sujet de craindre *pour la pureté de la
doctrine*, je ne m'en serois pas moins
crû obligé d'empêcher par l'interdiction de la prédication, que cet homme ne me corrompît *toutes les mœurs*
de mon peuple, & de préférer la
conservation de la piété & discipline
parmi ce peuple, aux égards que j'ai
toujours eus pour cette Société. Aussi

J'ai la confiance que ni N. S. (le Pape)
ni M. le Cardinal Savello ne feront
pas auffi touchés de la tendre affection
qu'ils ont pour la Compagnie, que
du mal fait par ce Pere dans mon
Eglife; mal qui augmenteroit confi-
dérablement, fi l'on ne s'appliquoit
pas à corriger fecretement toutes les
erreurs dont il fe trouveroit convaincu
par le procès, auffi bien que toutes
fes autres impertinences qui font fi
notoires & publiques, que je fuis ré-
folu de ne pas faire à ce fujet d'autres
informations que celles qui ont été
faites les premiers jours. Je fuis d'autant plus obligé de m'en tenir là que
celui qui s'eft déclaré fon protecteur,
s'efforce de faire croire au peuple que
ce Pere n'eft coupable de rien. Ce qui
a été jufqu'au point que quelques-uns
de fes Supérieurs ayant donné des ordres, dans le tems qu'on l'éxaminoit,
pour l'empêcher d'avoir aucune com-
munication avec des étrangers, fon
Provincial ordonna au contraire, que
tout le monde pût lui parler. De forte
que pendant tout ce tems-là il a reçu
publiquement des vifites du dehors,

comme s'il n'avoit tenu la maison qu'à cause de quelque incommodité. Si j'en avois été informé dans le tems, je ne l'aurois pas souffert, puisque ce n'étoit uniquement que par égard pour la Société que je l'avois laissé pendant le tems de ses examens dans son Monastere. *Car j'étois bien éloigné de croire qu'il ne méritât point d'être plus étroitement renfermé.*

Quelques-uns de ses Confreres l'excusent, en disant que je ne l'avois point expressément averti ; mais vous devez savoir que quand ce Pere prêchoit l'année passée à la Cathédrale, je fus dès-lors très-affligé de voir qu'il fît paroître si peu de piété, & d'affection à la discipline, & qu'il dît si souvent des extravagances. Si l'on ne jugea pas à propos de le corriger sur le champ, c'est que connu comme il l'étoit, d'un caractere violent, la correction auroit fait peu de fruit, & l'auroit plûtôt induit à faire & à dire de plus grandes extravagances, comme vous pourrez vous en convaincre par ses intérogatoires. Je n'ai pourtant jamais dissimulé mon mécontent-

ntement à ses Supérieurs. Quoique je
sois, pour l'ordinaire, fort réservé à
parler des défauts que je vois dans les
Prédicateurs, je me suis plaint à ces
mêmes Supérieurs de ses sottises qui
me revenoient de jour en jour, afin
qu'ils pussent y mettre ordre de la maniere qu'ils jugeroient la plus convenable. Mon Grand Vicaire & mes au
tres Officiers ont fait une infinité de
fois les mêmes démarches auprès de
ses Supérieurs. Ceux-ci ne pourront jamais nier que je ne leur en aie assez
parlé, pour leur donner lieu de penser
combien j'ai eu lieu d'être surpris &
même scandalisé que la Compagnie
ait admis l'an passé ce Pere à la Profession, pour le récompenser de ses
folies.

Il est bien vrai que je ne lui ai jamais interdit la Chaire, parce qu'a-
vant qu'il prêchât dans leur Eglise,
il ne s'étoit point encore livré à de si
grands excès, & ne m'avoit pas autant donné lieu de suspecter sa doc-
rine, qu'il l'a fait dernierement. Mais
il n'est pas moins vrai que je ne lui
ai point donné de permission de prê-

cher cette année à Brera. Il ne s'est pas même présenté pour demander ma bénédiction. Seulement je ne m'y suis point opposé, quand j'ai sçu qu'il y préchoit. Je vous répete donc, conformément à ce que je vous ai déjà mandé, que tout mon désir est que le jugement que Rome portera sur son affaire, fasse connoître au Public, combien on y désaprouve la maniere dont ce Pere a prêché, & les mauvais principes qu'il a débités pour la destruction de la Morale Chrétienne, afin qu'on puisse rétablir ce qu'il a détruit.

Outre ce que je vous écris & ce que je vous ai déja marqué par mes lettres précédentes au sujet du P. Jules Mazzarin, je souhaite que vous disiez à leur Pere Général & au Pere Palmio, que je prends beaucoup de part au chagrin que cette affaire aura causé à la Compagnie. Mais indépendamment des soupçons qu'on peut avoir sur la foi de l'accusé, le cas étoit si grave que je n'ai pû me dispenser de faire mon devoir. S'ils avoient bien voulu y mettre ordre eux-mêmes & remedier aux maux que ce Pere fai-

foit par fes Sermons , ce parti auroit
été bien plus fatisfaifant pour eux &
pour moi , que la néceffité où m'ont
réduit leur trop grande condefcen-
dance , leurs craintes & leurs égards ,
de m'écarter de ma conduite ordinaire & d'agir fur le champ pour empêcher la perte totale de mon peuple.
Je dois vous dire encore à cette occafion , qu'il y a plus de deux ans que
j'ai longuement déliberé *& même quelquefois* avec ces Peres du Jefus , de
mettre le Séminaire fous la direction
de Prêtres féculiers. J'ai commencé
à exécuter cette réfolution. Plufieurs
raifons m'ont déterminé à prendre cet
arrangement ; il feroit trop long de
vous les dire : les principales font qu'il
convient mieux d'y mettre pour Di-
recteurs des perfonnes qui ont la même
vocation , le même inftitut & les mêmes obfervances, que le Séminaire lui-
même ; parce qu'il réfulte d'un inftitut d'un genre différent , beaucoup d'in-
convéniens pour la direction , l'éduca-
tion des Séminariftes & l'objet du Séminaire; c'eft un détail qu'on ne peut attendre des Réguliers , & moins encore

de cette Compagnie, que son institut dispense de célébrer dans l'Église les Offices divins. J'ajoute qu'il est plus convenable de prendre des sujets pour cette direction dans le Séminaire même, parce que s'y étant exercés dans les pratiques qu'on y observe, ils y deviennent plus capables des emplois au dedans & au dehors du Diocèse. Enfin ce Séminaire n'ayant été confié aux Peres de la Compagnie du Jésus, que pour le tems de ma vie, il pourroit arriver qu'après ma mort, il seroit privé de ce secours, & cela dans un tems où il ne se trouveroit personne dans le Clergé séculier qui fût propre à se charger de cette œuvre. Ainsi il est bien plus à propos de le mettre sous la direction de Prêtres séculiers, dans un tems où par la connoissance que j'ai de ce qui lui est plus utile, & l'affection que je lui porte, je peux donner quelque secours. J'ai donc, il y a deux mois, signifié à ces Peres ma résolution d'exécuter mon projet, parce que j'ai assez de facilités pour trouver dans le Clergé séculier, des sujets propres à cette direction

rection, & qui, j'espere, se rendront
de plus en plus, capables à l'avenir en
s'y exerçant. Cette Compagnie des
Oblats que j'ai fondée m'en fournira
les moyens. Il est de son institut particulier de gouverner des Séminaires,
comme on le voit dans l'exposé d· la
Bulle que N. S. (le Pape) a donnée
pour le démembrement de la C,mm-
manderie *de Gli Ortaggi*. C'est le iour
de la fête de S. Ambroise après Pâ-
ques que j'ai fixé pour donner commencement à cette œuvre. J'ai voulu
vous le mander, parce que quelques-
uns de ceux qui n'ont point connoissance des consultations & délibera-
tions dont je vous ai parlé ci dessus,
pourroient soupçonner que je ne fais
ceci, que parce que je suis mécontent de ces Peres, à cause de l'affaire du P. Mazzarin. Mais c'est ce
qui est fort éloigné de *ma pensée*, y
ayant parmi eux tant d'honnêtes gens,
qui sont innocens de la faute d'un
homme si différent d'eux. Que Dieu
Notre Seigneur soit toujours avec
vous. A Milan ce 8 Avril 1579. Tout

à vous. *Le Cardinal de Sainte Praxede.*
L'adreſſe eſt à *M. Spetiano , Protono-*
taire Apoſtolique à Rome. Elle eſt enregiſtrée au Tom. 16. p. 2. lett. 76.

CINQUIÉME LETTRE.

MONSIEUR,

Pour répondre à votre lettre du
28 du mois dernier , je vous dirai
que vous devez maintenant ſçavoir
la raiſon pour laquelle vous avez manqué un ordinaire de recevoir de mes
nouvelles.

Je me rappelle bien le caractere du
Cardinal de Sens , &c.

Ce ſeroit pour moi une choſe bien
agréable & un grand ſervice à rendre à Dieu , ſi le P. Général des
Jéſuites retiroit au plutôt d'ici ce Pere , comme il vous l'a promis. Vous
pourrez lui dire que les Supérieurs
des autres Religieux , ſans que je
leur en parle , tâchent de mettre dans
cette Ville les meilleurs ſujets , les

plus zelés pour la réforme, & dont ils croient que j'aurai le plus de satisfaction. Les Peres Jésuites ont plus que tous les autres, de grandes raisons d'en user ainsi : du moins, devroient-ils, quand ils sont avertis, ou quand ils apprennent par d'autres voies que quelqu'un des leurs est d'un caractere différent, y mettre ordre au plutôt, en laissant là tout respect humain. Leurs longs délais, outre le préjudice qu'en souffre mon Eglise, ne peuvent que causer des chagrins à leur Compagnie, comme il est arrivé dans l'affaire du Pere Mazzarin. Cependant j'apprens qu'en dernier lieu *le P. Général de la Compagnie* avoit ordonné, sur les instances d'une certaine Dame de Milan, que ce Jésuite prêchât ici toute cette année, quoique ce Général fût bien instruit de sa conduite extravagante dans cet emploi, & en autre chose, & du peu de satisfaction qu'il m'a donnée.

Je ferai, &c. A Milan, ce 9 Avril 1579. Tout à vous. *Le Cardinal de Ste. Praxede.* L'adresse de cette lettre à *M. Spetiano*, &c. Elle est enregistrée tom. 10. p. 2. Lett. 77.

Cij

SIXIÉME LETTRE.

Monsieur,

Je vous envoyai par le dernier ordinaire les procédures faites jusqu'à présent contre le Pere Jules Mazzarin, avec un certain mémoire du fisc au sujet des prétentions qu'il a contre lui. Maintenant j'ai à vous dire pour réponse à ce que vous me marquez par votre lettre du 8 du courant, que dans ses défenses ce Pere ne montre point un esprit différent de celui qu'on peut reconnoître dans son procès, que je vous ai envoyé ; puisqu'en dernier lieu il a fait un acte où il proteste qu'il tient ce Tribunal pour suspect. Vous y verrez qu'il s'y déclare manifestement ennemi de mes Constitutions Ecclésiastiques, puisqu'il fonde tous ses moyens de récusation sur l'affection que j'ai pour mes Décrets & Ordonnances. J'ai ordonné qu'on rejettât cette protestation. Ce-

pendant je fuis toujours dans le fentiment, comme je vous l'ai marqué,
que cette affaire demeure foumife à la
décifion de N. S. (le Pape) & des
Cardinaux de la Congrégation, afin
qu'ils ordonnent touchant ce Pere,
ce qui leur paroîtra jufte, ou qu'ils
nous donnent leurs ordres fur ce que
nous devons faire. Mais parce que
le Cardinal Gambara vous a dit, ainfi
que vous me le mandez, que fi ce
Pere demeuroit juftifié fur ce qui regarde la foi, l'Inquifition ne pronon-
ceroit aucun Jugement de condamnation contre les autres fautes qu'il
a commifes dans fes Prédications, vous
devez rappeller à N. S. (le Pape,) à
Meffieurs les Cardinaux Savello &
Gambara, & aux autres Seigneurs de
l'Inquifition, fi cela eft néceffaire, que
quand même ce Pere, au moyen des
vives follicitations qu'on fait pour lui,
& des milliers d'atteftations publiques
qu'on ne ceffe de mandier, ainfi que
des interpretations forcées qu'il donne à fes paroles, fe juftifieroit d'avoir
eu des fentimens hérétiques, néantmoins la maniere dont il a écrit &

parlé de la puiſſance du Pape, ſur-tout
devant le peuple, & dans des tems tels
que les nôtres, mérite une correction
vigoureuſe & une ſatisfaction publique, puiſque cet article appartient à
la foi. D'ailleurs la connexion que les
autres chefs ont à ce premier article,
puiſqu'ils ſont compris dans un même procès, fait qu'il ſeroit impoſſible
aux Juges de rien prononcer ſur ſon
innocence au ſujet de la foi, ſans y
joindre la condamnation des ſcandales & de la témérité de ſes diſcours,
qui l'ont rendu juſtement ſuſpect, &
de ſes autres impertinences compriſes
dans le procès. Je ne me ſuis pas mis
fort en peine d'en vérifier toutes les
particularités, parce que les autres
chefs ſont beaucoup plus importans.
Ils donnent un juſte ſujet d'en conclure
qu'il a pu facilement tomber dans les
autres excès qu'on lui reproche.

Ce qui m'a ſur-tout empêché d'en
vérifier tout le détail, c'eſt la difficulté
que j'y ai trouvée, à cauſe que par un
nombre infini de mauvaiſes pratiques,
il a tellement intéreſſé pour lui le
Marquis, que les laïques n'oſent preſ-

que se présenter pour déposer. Mais
en cas que ces Illustrissimes Seigneurs
ne voulussent agiter que les points qui
regardent directement la foi , il me
semble que dumoins , quand il se jus-
tifieroit à cet égard , ils devroient ,
avant les décisions qu'ils ont à donner à ce sujet , faire mention des soupçons qu'on a contre lui , & dont il est
lui-même la cause , afin que personne ne doute de la légitimité de nos
procédures. S'ils ne le faisoient pas ,
il arriveroit que lui & ses adhérens
ne manqueroient pas de débiter par-
tout , comme ils le font dès à présent , qu'on lui a fait une grande in-
justice en lui intentant ce procès. Quant
à moi , je pense que pour la gloire
de la vérité , ces Cardinaux doivent
faire leur rapport à N. S. (le Pape)
de maniere que les autres extravagances
ces de ce Religieux ne restent pas sans
une punition & réparation publique ,
qui ait assez d'éclat pour que la discipline se rétablisse dans mon peuple ,
parmi lequel les Sermons de cet homme ont semé le relâchement & les
désordres que je vous ai marqués dans

C iv

mes lettres précédentes : ou si l'on
veut, on peut me renvoyer l'éxécu-
tion du Jugement par un Décret de la
Congrégation, ou de N. S. (le Pape.)
Je suis encore assez porté à croire
qu'on pourroit la renvoyer au Général
de la Compagnie & le commettre
à cet effet. Je le pense ainsi pour l'honneur de la Compagnie, qui s'en feroit
beaucoup, si la punition venoit de sa
part. D'ailleurs j'ai la confiance qu'en
cette occasion le Général préféreroit
la vérité & la piété à toute autre considération. Il ne pourroit même y
manquer, s'il en avoit un ordre pré-
cis ; & *quand même il voudroit encore
faire une information préalable*, il lui
seroit plus aisé qu'à personne de se
procurer une entiere connoissance des
déportemens de ce Pere. Car quoique plusieurs de ses Confreres le dé-
fendent opiniatrément, je sais pourtant qu'il y en a parmi eux qui ont
encore assez d'honneur pour dire la
vérité, s'il en étoient requis.

Ainsi en cas qu'on juge à propos
de prendre cette voie avec le consentement de N. S. (le Pape,) sur

les chefs qui ne regardent pas la foi, je défire que vous en parliez de ma part, même au P. Général & au Pere Benoît.

Quelque parti que l'on prenne, je ne veux pas manquer de vous avertir que la principale réparation doit confifter à interdire à Mazzarin la prédication pour longtems, après néanmoins que dans un ou deux Sermons il aura demandé pardon des fautes paffées, quoique j'ai bien fujet de douter qu'il le faffe comme il faut. Dans le cas encore où l'on croiroit n'avoir pas affez de preuves, je demande qu'on me laiffe l'autorité que j'ai comme Évêque, fuivant le Concile de Trente, d'interdire la prédication dans mon Diocèfe, à ceux que je ne juge pas propres à cette fonction, & qu'on faffe fortir au plutôt d'ici ce mauvais fujet. Il feroit même fort à propos qu'on le mandât à Rome pendant qu'on y examine fon affaire, afin que nous puiffions être plûtôt délivrés d'un efprit fi pernicieux, & fi capable, tant qu'il demeurera parmi nous, de faire plus de tort au bon

gouvernement de ce peuple, par tous
les moyens que vous pouvez imaginer.
Quant à ce que vous m'écrivez au
sujet de la Compagnie, je vous avoue-
rai qu'il y a déja long-tems, que je la
vois dans le péril eminent d'une décadence subite, si l'on n'y apporte
un prompt reméde. La différence qu'il
y a entre les Profez & ceux qui ne le
font pas, est très - capable de causer
parmi eux quelque jour une confu-
sion qui aura de grandes suites. Ce
qui me donne sur-tout sujet de le penser, c'est de voir les Supérieurs souvent ne point admettre à la Profession
les meilleurs sujets, tandis qu'ils re-
çoivent à bras ouverts ceux qui ont
du talent pour les sciences, quoiqu'ils
n'ayent souvent ni piété, ni intérieur :
témoin ce Pere Jules Mazzarin,
qu'ils ont admis dernierement, quoiqu'ils connussent mieux que personne
ses mauvaises qualités, & dans le
tems même où il méritoit d'être mis
en pénitence & châtié pour ses folies
de l'année précédente.

Ajoutez à cela que je n'ai que trop
reconnu qu'il y a dans cette Société

de fort mauvaifes têtes & bien extra-
vagantes. Enfin ces Peres ont tant de
complaifance pour les fujets lettrés,
ou qui ont quelque talent particulier,
qu'ils leur laiffent faire tout ce qu'ils
veulent, & qu'on prend bien garde
à ne les contrifter en rien. Auffi ceux
qui paffent pour gens de lettres, y
prennent-ils tant de pied que les Supérieurs ne peuvent plus les gouverner, ni difpofer d'eux. Vous en avez
un exemple dans le Pere Pazza, que
le Pere Général n'a pas eu le courage
de faire fortir d'ici, & je crois qu'il
le pourra encore moins à préfent ; car
je m'imagine que le Provincial actuel
eft tout difpofé à s'oppofer vigoureu-
fement au départ de ce Pere. Malgré
la bonne opinion que j'ai toujours eue
de ce Provincial en toute autre chofe, il a pris le parti du P. Mazzarin
avec une chaleur fi étrange, que je ne
peux plus tirer de lui aucun fecours. Il
y a même quelques jours que lui ayant
envoyé dire par mon Archiprêtre de
fe rendre chez moi pour quelque autre affaire, il répondit tout ronde-
ment, même par écrit, que tant que

C vj

dureroit ce procès entre la Compagnie & moi, il ne pouvoit, ni ne vouloit venir me voir ; comme ſi j'avois
effectivement un procès avec la Compagnie, que je m'efforcerai toujours d'ai-
der & d'honorer, comme je l'ai fait
juſqu'à préſent. Mais dans cette affaire
du Pere Mazzarin, je n'ai pû me diſ-
penſer de faire mon devoir, pour ne
pas voir la perte entiere de mon peuple, & plus encore à cauſe des ſoup-
çons touchant la foi. C'eſt lui (Pere
Provincial) qui eſt peut-être le prin-
cipal auteur des embarras que cette
affaire cauſe à la Congrégation. Car
dans le tems que je ne ſoupçonnois
point encore la foi du coupable, &
qu'il n'étoit queſtion que des autres
chefs, le Provincial me dit qu'il ne
pouvoit pas lui interdire la Chaire, &
qu'il falloit en écrire à Rome. Ce qui
me fit voir que ſon parti étoit pris de
le laiſſer prêcher tout le Carême, malgré tout le mal qu'il faiſoit. Ayant
donc ordonné à ce Supérieur d'avertir ſon Religieux, que s'il ne ſe cor-
rigeoit de ſes extravagances, je ne
manquerois pas de l'interdire, il me

répondit qu'il lui en avoit bien dit un mot ; mais qu'il ne vouloit pas y insister d'avantage , dans la crainte de le fâcher , & de lui en faire dire encore plus en Chaire , comme cela étoit déja arrivé précisément à cause du peu qu'il lui avoit dit : car le jour d'après il avoit fait en Chaire une sortie là-dessus , en débitant je ne sais combien de sottises.

Plaignez-vous donc au Général de cette maniere d'agir du Provincial. Parlez en aussi au P. Palmio. Celui-ci est de bon esprit & plein de zèle pour la conservation de cette Compagnie : vous lui direz encore que j'aurois bien souhaité, comme il peut s'en souvenir , donner avis à Rome de la conduite du P. Mazzarin , avant que de passer outre , afin que ses Supérieurs y pourvussent. Mais , comme j'ai dit , avant l'arrivée de leurs ordres , le Carême se feroit passé. D'ailleurs , quand il s'agit de la foi , il n'y a point de tems à perdre.

Quant au mécontentement que les Supérieurs ont du P. Adorno , qui à cause de moi leur est devenu suspect ;

je m'en fuis apperçu dans cette affaire
du P. Mazzarin. Celui - ci ne s'eft-il
pas avifé de dire, auffi bien que quelques-uns de fes partifans, que je ne
l'avois troublé dans fes prédications
& ne lui avoit fait ce procès, qu'à
la follicitation du P. Adorno, qui
prêchoit à la Cathédrale, & qui fe
voyoit beaucoup moins fuivi que l'autre ? Rien n'eft plus éloigné de la vérité & plus contraire aux bons fentimens de ce Pere. Car quand il fçut
ce que j'avois fait contre le P. Mazzarin, il en fut hors de lui, & pénétré
de douleur. Il vint me fupplier avec
de vives inftances de ne pas aller plus
loin pour l'honneur de la Compagnie. C'eft pourquoi je fuis d'avis que
vous difiez au P. Général, qu'on fait
vraiment un grand tort à la probité de
ce Pere, en fouffrant qu'on dife des
chofes fi abfurdes parmi fes Religieux. Que Dieu veuille pour le bien
de la Compagnie, lui donner un
grand nombre de fujets auffi pleins de
piété, d'honneur & de droiture en
toutes chofes : elle n'en iroit que
mieux.

Vous avez bien raiſon de dire
qu'ayant apris combien ce Pere ſe
conduiſoit mal dans la Chaire de la
Cathédrale l'année paſſée, j'aurois dû
ne pas le laiſſer prêcher cette année,
& le lui défendre quand il eſt venu
me demander ma bénédiction ; mais
il n'y eſt vraiment point venu, & il
ne m'a point du tout démandé de permiſſion. La hauteur avec laquelle ces
Peres ſe ſont accoutumés d'agir avec
moi, lui a fait croire qu'il n'avoit be-
ſoin ni de pouvoir ni de permiſſion,
après celle que je lui avois donnée
pour prêcher le Carême de l'année
derniere à la Cathédrale. J'ai donc
ſçu qu'il prêchoit ; je ne m'y ſuis point
oppoſé : mais cela a été porté ſi
loin, que j'ai cru ne pouvoir le ſouf-
frir davantage ſans faire grand tort à
mon peuple.

Vous devez encore avertir que juſqu'ici, je ne lui ai point abſolument
interdit la prédication ; je n'ai fait
que lui donner ſa maiſon pour pri-
ſon, & lui défendre l'entrée de l'E-
gliſe, & de là ne ſuit pas néceſſai-
rement l'interdiction de la Chaire. En

effet, fi pendant le cours du procès
on lui donnoit la liberté d'entrer dans
l'Eglife, même en l'avertiffant de ne
pas recommencer à prêcher, je ne
pourrois peut-être pas l'en empêcher,
à caufe que le procès eft pendant à
Rome. Allez faire part de tout ceci
à tous les Seigneurs Cardinaux de l'Inquifition, que vous jugerez devoir en
être informés, & particulierement à
Meffieurs les Cardinaux Savello &
Gambara, avec lefquels il en a déjà
été queftion. Je vous envoie ci jointe
une lettre pour le Cardinal de Gambara, qui vous fervira de créance.
Maintenant je prie Dieu Notre Seigneur qu'il vous donne fa fainte grace. A Milan le 16 Avril 1579. Tout
à vous. *Le Cardinal de Ste Ptaxede.*
L'adreffe eft *à M. Spetiano, &c.* Enre-
giftrée au Tom. 16. p. 2. n. 83.

SETIÉME LETTRE.

MONSIEUR,

J'ai reçu vos deux lettres du 11 du courant, fur ce qui concerne le Pere Mazzarin ; je vous dirai pour réponfe, que je n'ai rien à ajouter à ce que je vous en ai déja mandé. Mais j'attendrai ce que vous aurez à m'en dire vous même, après qu'on aura vû à Rome fon procès, que je vous ai envoyé. J'ajouterai feulement ici que fi l'on fait attention à la Bulle *Unam Sanctam* qui eft inferée dans le corps du Droit Canon, je ne vois pas comment ce Pere peut fe défendre fur les propofitions qui concernent la puiffance de N.S. (le Pape ;) cela feul devroit fuffire pour fa condamnation. Parler, *ex profeffo*, fur un femblable fujet même d'une maniere négative, rien n'eft moins afforti aux befoins de notre tems, & à la Doctrine du Concile de Trente.

Après plusieurs articles de cette lettre, qui regardent d'autres affaires ; voici le dernier touchant le P. Mazzarin.

J'ai oublié de vous dire que je ne sçais pas comment ces Peres du Jésus peuvent dire que je ne veux ici dans leur Collége que des hommes à ma guise : car depuis les instances que je leur ai faites à Rome pour qu'ils ne missent ici que des sujets de mérite ; je ne les ai jamais importunés là-dessus. Cependant je me rappelle bien qu'ils sont obligés par les Bulles, de n'y mettre que des personnes qui soient à mon gré ; & néanmoins je ne les ai jamais pressés d'ôter d'ici d'autres sujets, que celui dont je vous ai écrit ; si ce n'est que quelquefois quand il y a eu ici des Regens foibles, j'ai prié ses Supérieurs d'y en mettre de plus capables. Que Notre Seigneur soit toujours avec vous. A Milan ce 23 Avril 1579. Tout à vous. *Le Cardinal de Ste Praxede.* L'adresse est à *M. Spetiano*, &c. Registrée au Tom. 16. p. 2. lett. 88.

HUITIÉME LETTRE.

Monsieur,

Je réponds à vos deux lettres du 18 du courant ; je crois que fi le Pere Mazzarin avoit été mis en prifon, les gens qui le protégent n'auroient pas fait tant de bruit : mais comme fes interrogatoires & fes plaintes ont procuré tout ce qu'on pouvoit défirer de lumiere fur ce fujet ; je n'ai pas cru cet emprifonnement néceffaire, furtout à caufe de la confideration que j'ai eue pour la Compagnie. Je fçai d'ailleurs combien on a d'égards à Rome dans ces fortes d'affaires pour les Congrégations Religieufes.

Je ne comprends pas comment on a pû écrire à Rome que le P. Inquifiteur étoit venu fe plaindre à moi du tort que je lui faifois. Il eft bien vrai que les Jéfuites l'ont follicité de mettre en liberté ce Pere afin qu'il

pût aller à l'Eglife & dire la Meffe.
L'Inquifiteur m'en parla à leur priere;
mais quoiqu'il foit d'un caractere fort
complaifant & plein de condefcen-
dance, cependant quand il a été queftion de décider la-deffus, il m'a toujours dit qu'il n'étoit point d'avis
qu'on dût leur accorder ce qu'ils de-
mandoient ; il fe contentoit de me
rapporter ce qu'ils lui avoient dit.

Le Provincial a enfin rompu le filence qu'il s'étoit impofé à mon égard.
Il y a trois jours qu'il eft venu me parler , & je crois que c'eft par ordre
des Peres de Rome. Il ne nie pas que
je ne lui aie plufieurs fois déclaré le
mécontement que j'avois du P. Mazzarin , mais fans lui parler des foup-
çons que j'ai fur fa foi : cela eft vrai ;
parce que ce n'eft que fur la fin que je
l'ai reconnu fufpect à cet égard. Le
Provincial n'a pas pu me nier non plus
d'avoir apris par le Pere Adorno , le
fcandale que m'avoit caufé la Profef-
fion du P. Mazzarin.

Quant aux vifites que ce Pere a
reçues publiquement , elles durent encore comme auparavant. Je n'ai pas

jugé à propos de les empêcher , parce
que les procédures faites contre lui
font finies ; mais j'ai cru devoir en
parler au P. Provincial le dernier jour
qu'il eſt venu me voir. Je ne vois pas
qu'il ſoit diſpoſé à y mettre ordre.
Ce qu'il y a de pis , c'eſt ce que je
crois l'avoir reconnu dans cette affaire
d'un caractere fort revêche. Il regarde comme de pures bagatelles toutes
les extravagances que le Pere Jules a
faites ici , & il ſoutient que ce qu'il
a avancé ſur la foi , eſt d'une vérité
indubitable. Mais ce qui met le comble à tout ce qui s'eſt paſſé entre lui
& moi ; ce ſont ſes plaintes ſur le tort
que je lui ai fait , & ſur mes mauvaiſes manieres pour leur Compagnie.

Cette Dame dont je vous ai mandé
que le P. Général lui avoit promis
de faire prêcher ici toute l'année le
P. Jules, eſt , comme vous l'a dit le
P. Palmio , la Comteſſe Didamia.

Quant à ce que vous me dites ,
que ſi j'allois a Rome , je pourrois
être de quelque utilité pour la réforme de la Compagnie , je ſuis perſuadé que je n'y ferois rien ; car je leur

fuis devenu fufpect, à caufe de cette affaire du P. Jules. Auffi en diroient-ils bien davantage, fi je me mêlois de chofes qui les touchent de fi près. MAIS IL SEROIT BIEN NÉCESSAIRE QUE D'AUTRES Y MISSENT LA MAIN.

Pour la nomination à faire à N. S. (le Pape) de Monfeigneur le Cardinal de Sanfeverino au fujet de notre Concile Provincial, &c.

A Milan, ce 29 Avril 1579. Tout à vous. *Le Cardinal de Ste. Praxede. L'adreffe eft à M. Céfar Spetiano, &c.* Regiftrée au tom. 16. pag. 2. let. 92.

I X.

Extrait de la Lettre de M. Spetiano à S. Charles, du 12 Mai 1579. qui eft au t. 16. p. 2. n. 45.

JE fuis affligé jufqu'au fonds du cœur de voir combien ces Peres ont fait de tort à leur réputation en défendant cette mauvaife caufe, furtout en voulant rendre fufpecte vo-

tre Seigneurie Illuftriffime, & en fouffrant pendant fi long-tems qu'on par-
lât contre elle avec tant d'imprudence
& d'audace. A ce fujet, M. le Cardinal de Gambara me dit que je de-
vrois écrire à votre Seigneurie Illuftriffime, pour la prier de fe reffouve-
nir dela répugnance que ce faint vieil-
lard Pie V. de Bienheureufe mémoire témoigna toujours pour accorder
un Bref à ces Peres. Le Saint-Efprit
lui révéloit fans doute certaines chofes, qu'il ne vouloit pas dire, fur
l'iffue de leurs entreprifes. Il m'à auffi
ordonné de vous marquer qu'on a
fait une faute de donner une copie
du procès à ce Pere. Votre très-humble & très-obéïffant ferviteur, *Céfar*
Spetiano.

DIXIÉME LETTRE.

MONSIEUR,

Je vous ai ci-devant marqué plufieurs fois tout ce que j'avois à vous
dire du P. Mazzarin. Ainfi vous trou-
verez dans mes lettres tout ce dont
vous aurez befoin pour inftruire leurs
Seigneuries Illuftriffimes. Ce que j'ai
de plus à vous mander aujourd'hui,
c'eft que ces Peres du Jefus, & le Provincial fur-tout, ont avant que le procès fût envoyé, répandu dans les villes voifines & encore ailleurs, à ce que
j'ai appris, une fort impertinente
relation de cette affaire pour en inftruire, à leur mode, les Prélats &
les autres perfonnes de qualité. Vous
le pourrez dire à ces Seigneurs, afin
qu'ils puiffent murement confiderer le
reméde qu'ils doivent apporter aux
fcandales que donnent les Jéfuites.
Quant au Séminaire, &c. A Milan le
4 Juin 1579. Regiftrée au tom. 16. p. 2.
n. 19.   ONZIÉME

ONZIÉME LETTRE.

Monsieur,

Je réponds par celle-ci à votre lettre du 30 du paſſé, par laquelle on a
reçu la dépêche pour M. de Verceil.
Quant au Pere Mazzarin, je vous envoie ci-jointe la copie de la relation,
que je vous mandai l'ordinaire dernier avoir été envoyée en différens en-
endroits par le P. Provincial. Vous
pourrez en faire l'uſage que vous jugerez convenable, ſans dire de qui
vous la tenez, quoique je vous l'aie
mandé ces jours paſſés, &c. A Milan
ce 11 Juin 1579. Tout à vous. *Le
Cardinal de Ste. Praxede.* Regiſtrée au
tom. 16. p. 2. let. 25.

D

DOUZIÉME LETTRE.

Après les premiers articles, il dit :

QUANT au P. Mazzarin, j'ai à vous dire en réponſe de ce que vous me marquez à ce ſujet, que quoiqu'il y ait dans cette Compagnie un grand nombre de Peres emportés par leurs paſſions, il y en a pourtant qui ſont gens de bons ſens & qui en tous cas jugent leur Confrere digne de punition. Ils vont même juſqu'à dire que ſi l'on faiſoit de lui un bon éxemple, il ſeroit grandement utile & profitable non-ſeulement à ſa perſonne pour réprimer l'orgueil & l'inſolence dont il eſt plein ; mais encore à toute la Compagnie, & ſur-tout aux jeunes gens qui s'appliquent aux études. La bonté Divine ne permettra pas, du moins je m'en flate, que les intrigues & les ſollicitations les plus puiſſantes empêchent que la Juſtice ne termine cette affaire à la gloire

de Dieu : mais quel qu'en foit l'évenement, il me fuffira d'avoir rempli mon
devoir en expofant à Rome la vérité
du fait. Je veux bien croire que fi le
Pere Palmio venoit ici , il feroit de
quelque utilité , pour ce que vous me
mandez ; mais cela ne contrediroit pas
ce que je vous ai marqué de fon fentiment , &c. A Defio le 16 Juillet
1579. Tout à vous. *Le Cardinal le Ste.
Praxede.* L'adreffe eft *à M. César Spetiano*, &c. Regiftrée au tome 16. p. 1.
let. 1.

XIII.

Extrait tiré d'une Lettre infcrite n°. 39.

JE vous ai envoyé une copie de la
relation répandue hors d'ici touchant l'affaire du P. Mazzarin. Il n'eft
pas douteux que ces Peres favoient
très-bien qu'il étoit fufpect dans la
foi ; car il a toujours été interrogé en
préfence du P. Inquifiteur ; & l'on
comprend bien qu'ils le favoient auffi
par l'information qui a été envoyée. Je
vous enverrai, &c. A Milan, ce 25
Juillet 1579.   D ij

QUATORZIÉME LETTRE.

Monsieur,

Après plusieurs articles concernant d'autres affaires.

Quant à l'affaire du Pere Mazzarin, tant qu'on la laissera aller suivant les regles de la Justice , qu'il soit déclaré coupable ou innocent , il me conviendra de garder le silence, parce qu'il me suffit d'avoir exposé la vérité au Tribunal où l'affaire est pendante. Mais quand on s'efforcera de pervertir la Justice & d'étouffer la vérité par des considérations étrangeres , il ne me sera pas possible de garder le silence. Ils osent dire , par exemple , que si le P. Mazzarin étoit reçonnu coupable, le deshonneur qui en réjailliroit sur la Compagnie , & l'atteinte que sa réputation en souffriroit pourroit empêcher le fruit qu'elle fait en plusieurs lieux. Mais je ne puis me difpenfer de repréfenter à N. S. (le Pape) qu'il doit être beaucoup plus touché des intérêts de la foi dont il s'agit dans cette affaire fi grave & fi importante, & de tant d'autres raifons décifives qui obligent de mettre cette affaire dans le plus grand jour aux yeux de tout le monde. Il n'y a aucune raifon de craindre qu'en faifant connoître le caractere de cet homme, la Compagnie puiffe perdre, comme on le dit, un feul grain de fa réputation. Parmi les douze Apôtres il y a eu un Judas, & dans tous les corps il fe trouve des miférables. Il n'y auroit donc aucun reproche à faire à la Compagnie, de ce que renfermant un fi grand nombre de fujets, il s'en trouve un qui n'a pas le mérite des autres. Mais que le public feroit édifié d'y voir les méchans punis, & les honnêtes gens eftimés ! L'humiliation qu'on feroit fubir à ce Pere, feroit fort utile. Je vous mandois l'ordinaire dernier que les gens de bien parmi les Jéfuites même & les meilleurs peut-être qu'ils aient chez eux, étoient du même fentiment.

D iij

Selon eux la punition de Mazzarin
lui ferviroit à lui - même , en répri-
mant l'audace qu'il a montrée jufqu'à
préfent , & même feroit du bien à
toute la Compagnie , fur-tout à ceux
qui s'étant adonnés à l'étude , fe font
le plus fignalés par leur efprit & leur
fcience. Cet éxemple les rendroit plus
modérés , & les préferveroit de cette
hauteur & de cet orgueil aveugle que
n'infpire que trop à l'homme , la connoiffance de fes talens , & qui le pré-
cipitent quelquefois dans des erreurs
groffieres.

Si au contraire , par confideration
pour la Compagnie , on n'éclaircit pas
les chofes dans cette affaire , infail-
liblement certains Jéfuites en devien-
dront plus fuberbes & d'autant plus
audacieux à manquer aux Évêques ,
que le crédit de la Compagnie écla-
tera d'avantage. D'ailleurs pour l'in-
térèt de la Compagnie elle - même ,
il n'y pas d'autre moyen d'en extirper l'ivraie que cet homme y a fe-
mée , & de remédier aux grands
maux qu'il a caufés dans mon Diocèfe par fes maximes & fes fcanda-
leufes prédications , que de montrer

clairement à tout le monde le venin
de fa doctrine ; au lieu qu'en palliant,
en gardant le filence, ou en ne trai-
tant ceci que légerement, ce fera faire
le plus grand tort non - feulement à
cette Ville, mais encore à toutes celles où l'on a entendu parler de cette
affaire. On en conclura que fa doctrine eft approuvée : on ajoutera même
qu'elle eft canonifée, pour ainfi dire :
car tout le monde ne faura pas toutes les interprétations forcées, & les
chicannes par lefquelles on fera venu
à bout de la juftifier.

Enfin fi on ne leur témoignoit
qu'un mécontentement leger, fes partifans s'efforceroient de perfuader
qu'un pareil traitement auroit plutôt
été l'effet des mauvais offices qu'on
lui auroit rendus, que d'aucune faute
qu'il eut commife ; mais fon affaire
eft de nature à ne pas permettre re-
primandes legeres ni fecrettes. Les
fautes dont il eft accufé, étant fi publiques & fi connues dans toute cette
Ville & dans d'autres, où elles ont
caufé un fcandale fi univerfel, qu'on
ne peut y remedier que par une répa-

D iv

ration publique au mal qu'il a fait
ici & ailleurs. A Desio le 30 Juillet
1579. Tout à vous. *Le Cardinal de
Ste Praxede* L'adresse est *à M. Spetiano*, &c. Registrée au Tom. 16. p. 1.
n. 13.

QUINZIÉME LETTRE.

A MONSIEUR SPETIANO.

VOUS verrez par les copies ci-
jointes ce que le Cardinal Savello
m'écrit à moi & à mon grand Vicaire,
de la part de N. S. (le Pape,) pour
me deffendre de faire publier la Sen-
tence rendue contre le P. Mazzarin;
vous verrez aussi la réponse que je
lui fais. Je désire absolument que vous
en rendiez compte à Sa Sainteté, qui
m'a fait l'honneur de me dire à moi-
même qu'Elle vouloit que cette Sen-
tence fût traduite en langue vulgaire, afin que tout le monde pût l'entendre, quand on la publiera. Malgré le peu d'intérêt que je prends à

la publication de ce jugement, puiſqu'on en ſait ici la teneur ; vous ne
laiſſerez pas de dire à Sa Sainteté qu'il
me paroît peu convenable d'avoir plus
d'égard à l'honneur de ce Jéſuite ou
des autres, qu'aux maux infinis que
ſes Sermons ont faits dans mon Dio-
cèſe ; & comme Sa Sainteté vous al-
léguera peut - être le bien que font
ces Peres ; vous lui pourrez ajouter,
que perſonne ne leur rend plus de
juſtice que moi ; mais qu'ayant la plus
intime connoiſſance des vrais beſoins
de la Compagnie, je crois qu'on ne
lui peut faire un plus grand bien, que
d'humilier ceux de ſes membres qui
méritent correction ; & qu'on ne
trouvera point étrange que dans un
corps auſſi nombreux, il ſe trouve un
ſujet qui vaille moins que les autres.
D'ailleurs ce ſeroit réparer le ſcandale qu'il a donné dans ce pays ci.

J'ai encore à me plaindre de deux
circonſtances qui me paroiſſent fort
déplacées : la premiere, que cette lettre du Cardinal, m'ait été remiſe par
un Gentilhomme de la part du Gouverneur. Il me paroit, je vous l'avoue,

D v

fort peu décent qu'il s'ingere en femblables affaires du St. Office. L'autre
circonstance est qu'on ait confié cette
lettre à un homme qui s'est déclaré
ma partie adverse, comme je vous
l'ai mandé L'on pouvoit bien m'a-
dresser directement cette lettre ; elle
eût produit le même effet, & l'autorité des Evêques auroit été plus mé-
nagée.

  Note de l'Editeur. Cette lettre, où
cet extrait n'a ni signature ni le cachet de Saint Charles ; apparemment
que c'est une copie que le Sécrétaire aura retenue. Elle est cependant
inscrite dans le Registre n. 66. du tom.
17. p. 1.

VII.

Extraits d'une Lettre écrite de Rome à saint Charles, par M. Spetiano ; elle est dans le registre tom. 17. p. 3. n. 29.

J'AI deux choses à représenter en particulier à votre Seigneurie Illustrissime, dans ce papier séparé. La premiere, qu'il conviendroit d'ordonner de faire à Milan des prieres publiques, pour rendre graces à Dieu du rétablissement de la santé du Roi qui a été en très-grand danger, & pour demander la guerison de la Reine qui est très dangereusement malade & dont on n'espere presque rien.

L'autre est que je souhaiterois que votre Seigneurie Illustrissime pensât sérieusement à l'élection que les Jésuites doivent faire d'un nouveau Général. Votre Seigneurie Illustrissime sait combien il seroit essentiel que le choix tombât sur une personne telle qu'il la leur faut, & sur-tout que dans

cette Congrégation générale, on prit
des mesures pour remedier aux abus
qni sont dans la Compagnie. Ils sont
en grand nombre ; que lques - uns de
ces Peres le savent très - bien , & en
gémissent. Il y a tout à craindre que
si l'on dissimule ces abus, les choses
n'aillent de mal en pis , & qu'on, ne
voie se vérifier de notre tems, la prédiction du S. Pape Pie V. &c. A Rome
ce 12 Novembre 1580 (si je ne me
trompe.) Registrée Tom. 17. p. 3.
lett. 209.

*Le 26 Janvier 1581 , saint Charles
écrivit à Rome de donner une aumône
aux Peres Jésuites , comme on le voit
dans la lettre 24 du Tom. 18. p. 3.*

Vous ferez payer aux Peres de la
Compagnie du Jésus 25 écus, que je
leur donne en aumône à l'occasion de
la dépense qu'ils ont faite pour leur
Congrégation.

XVIII.

*Extrait d'une lettre de M. Spetiano,
touchant l'élection du Général
des Jésuites.*

LE P. Aquaviva vient d'être élû
Général des Jésuites au grand
étonnement de tous les gens de bien.
Le P. Adorno le doit mander à votre
Seigneurie Illustrissime. Puisque la
chose est faite, nous devons nous con-
former à la volonté de Dieu. J'ai dit
à un des principaux de ces Peres que
tous devoient se réunir pour donner
à ce nouveau Général tout le secours
qui dépendra d'eux. Je l'ai vu &
lui ai parlé. Il m'a fait paroitre beaucoup d'humilité, & m'a dit qu'il
vouloit écrire à votre Seigneurie Illustrissime, ce qu'il ne manquera pas de
faire.

Je crois devoir vous représenter que
vous ferez fort bien de lui dire un
mot sur le chagrin que le feu Général

& fon Vicaire vous ont donné par
leur peu de confiance dans l'amour
que V. S. I. a toujours eu pour la
Compagnie. Vous devriez le prier d'en
ufer mieux avec vous & même avec
moi, que ces deux hommes n'ont
fait, quoique nous ayons agi à leur
égard avec toute forte de charité
& de fincérité. Mais c'étoit peut être
plutôt par mauvaife humeur qu'autrement, qu'ils prenoient tout de travers
& qu'ils me regardoient comme un
homme qui leur étoit tout-à-fait contraire. A Rome le 23. Fevrier 1581.
Regiftrée au Tom. 18. p. 3. lett. 100.

DIX-HUITIÉME LETTRE.

J H S.

MONSEIGNEUR,

Je n'ai pu écrire à votre Seigneurie
Illuftriffime depuis quelques femai-
nes, parce que nous étions occupés
de l'élection d'un nouveau Général.

Elle s'est faite Dimanche dernier ;
& le choix a tombé sur le P. Claude
Aquaviva. Que Dieu lui donne l'esprit & la prudence néceffaire pour le
gouvernement de la Compagnie. Je
suis pénétré de douleur que les chofes
ne fe foient point passées avec cette
fimplicité & cette pureté de vues ,
qui convenoit à de bons Religieux ,
& que nos Conftitutions nous recom-
mandent fi étroitement. La femaine
prochaine on procedera à l'élection
des nouveaux Afiftans. Si elle fe fait
fuivant la brigue de certaines gens ,
nous avons tout fujet de la craindre
comme un coup bien fâcheux , porté
à nos affaires. Que le Seigneur daigne
y mettre la main.

Je défire de m'en retourner au plutôt , afin de ne m'occuper que du
fervice des ames , & de votre Clergé ;
j'aurois eu bien plus de fatisfaction de
n'être point parti. N. S. (le Pape)
m'a donné audience avant l'élection ;
& perfuadé comme je l'étois , que
tout s'y passeroit avec cette droiture d'intention que tout le monde
doit avoir , j'affurai N. S. (le Pape)

que cette élection nous feroit auffi avantageufe que Sa Sainteté le défiroit , afin qu'elle nous laiffât toute liberté de la faire fuivant nos Conftitutions. Mais N. S. (le Pape) a été fort mécontent de nous. Il l'a bien montré, quand nous avons été avec le nouveau Général lui baifer les pieds. Je crois qu'il fe mêlera de l'élection, des Affiftans. S'il ne le fait pas, on ne manquera pas de nous donner des fujets fort peu convenables. Je n'ai pas le courage de vous mander aujourd'hui ce qui a caufé le défordre de l'élection. Mais s'il plaît à Dieu, je le dirai de bouche un jour à votre Seigneurie Illuftriffime. En voilà affez fur nos affaires.

J'ai parlé à N. S. (le Pape) de votre Seigneurie Illuftriffime , & j'ai taché de lui montrer qu'un Clergé fi bien fervi , &c. à Rome le 25 Février 1581.

De votre Seigneurie Illuftriffime. le très - humble ferviteur en J. C. *François Adorne.* L'adreffe eft *à Monfeigneur le Cardinal de Ste. Praxede à Milan.* Regiftrée au tom. 18. p. 3. lett. 97.

XIX.

Extrait d'une Lettre de M. Speriano écrite à Saint Charles le 11 Avril 1581. tiré de la Lettre 7. du tom. 18. pag. 2.

QUAND j'aurai reçu la lettre pour le Général des Jéfuites, & les écrits des Princeffes fœurs de votre Seigneurie Jlluftriffime, j'exécuterai tout ce qu'elle m'ordonne. En attendant, je recommande à fes prieres cette Compagnie, qui en a grand befoin. Plufieurs craignent qu'elle n'aille toujours déformais en déclinant par les mauvais principes qu'on y féme & qu'on y voit, avec l'abbaiffement des fujets qui pourroient y faire du bien. Je n'ai point d'inftruction fuffifante pour faire expédier l'affignation.

X X.

Lettre écrite de la propre main d'un Archevêque à St. Charles touchant un Jésuite scandaleux.

MONSEIGNEUR,

Il seroit superflu de parler à votre Seigneurie Illustrissime de là vertu, de la bonté & de la religion dont les Princes de cette Sérénissime Maison ont toujours été remplis (*a*). A ces qualités si rares , & qui par la grace du Seigneur , sont comme naturelles à cet illustre sang , Monseigneur le Duc a joint de grandes preuves de cette doctrine , & de ces lumieres que votre Seigneurie Illustrissime a pû remarquer en passant à Pe-

(*a*) *Note du Traducteur.* Ce Prélat qui étoit Archevêque d'Urbin parle des Ducs de cette ville de la Maison de la Rovere.

faro. Il paroît même que depuis votre paſſage & celui de M. Paleotto
ſon Alteſſe a mis des aîlés à ſes pieds,
qui couróient déja ſi légerement dans
la voye ſpirituelle. Car elle s'applique
entierement à de ſaintes études, à la
fréquentation des Sacremens, à l'aſſiſ-
tance aux Divins Offices, & aux con-
verſations avec des perſonnes de piété,
ſans pour cela manquer aux Audiences
& aux autres charges du gouvernement. Mais elle a beaucoup raccourci
les heures de recréation & des exercices militaires. De ſorte qu'elle ne paſſe
pas un moment de ſa vie qui ne ſoit
employé d'une façon exemplaire.

Mais rien n'eſt ſi dur que la condi-
tion des Princes, à cauſe des grandes difficultés qui accompagnent ordi-
nairement leur état. Une des plus fâ-
cheuſes, c'eſt celle qu'ils ont à connoître la vérité dépouillée de tout
intérêt, à diſcerner leurs vrais amis
des faux, & les ſerviteurs fideles d'a-
vec ceux qui ſe couvrent de maſques
& de déguiſemens ſi fréquens dans les
Cours. Mais le plus dangereux de tous
les maux, c'eſt de voir les embûches

qu'on tend à un bon Prince fous de femblables déguifemens.

Nous admirions ces heureufes difpofitions de Monfeigneur le Duc à la vie & à la perfection chrétienne, quand tout à coup nous avons vû paroître à la Cour un Pere Jéfuite, introduit par ceux qui lui avoient préparé les voies. Il n'a pas tardé à s'y attirer la plus grande confiance & le plus grand crédit fur l'efprit de Son Alteffe. Après être refté quelques jours à Pefaro, il en partit ; & lorfque la Cour eft venue à Urbin à caufe des chaleurs, comme elle fait tous les ans ; ce même Pere n'a pas manqué d'y venir auffi. Depuis fon arrivée l'on voit les plus grands troubles à la Cour & dans l'Etat, & fur-tout à Pefaro & dans cette ville. On ne doute pas ce Jéfuite ne foit auffi la caufe du départ de Madame.

Il y a eu quelques différents entre mon Chapitre & moi au fujet de la collation des Canonicats. Ce Pere a pris le parti des Chanoines les plus mutins. Il femble qu'il mandie les occafions de fe liguer avec quiconque à reçu quelques mottifications de mon Tribunal, ou qui pour quelque autre raison me montre peu d'attachement. Cette maniere d'agir ne peut avoir pour principe mon peu d'affection pour la Compagnie à laquelle j'ai toujours été fort attaché, ni mon peu d'attention pour lui, car je l'ai traité lui même avcc toutes fortes d'égards.

De plus, il s'eft donné la liberté de s'ingerer dans les confeffions & les vifites des Monafteres de Religieufes, fans ma permiffion; & ce qu'il y a de pis, c'eft qu'il l'a fait à la follicitation de certains efprits mauvais, qui vouloient fe fervir de lui pour arriver à leurs fins perverfes. Dans deux Sermons qu'il a prêchés ici, il a caufé de grands fcandales, en y montrant plus de paffion & d'arrogance que de fcience & de piété.

Il eft défrayé & fervi par ordre de la Cour avec beaucoup de délicateffe : il s'eft procuré ce bon traitement à force de fe plaindre. Il aime paffionément qu'on lui faffe la cour & qu'on le regarde comme un homme qui peut tout auprès du Prince.

Hier il vint me voir avec tant d'infolence & de hauteur, que j'en fus tout étonné. Et comme je lui donnai quelques avis à bon deffein & très modeflement, fur l'affaire des Religieufes, il s'éleva contre moi comme un dragon furieux, en me difant qu'il avoit fait la barbe à bien d'autres qu'à moi, me faifant entendre qu'il avoit fes entrées chez N. S. (le Pape) & qu'il pourroit bien m'apprendre à vivre.

Je me reffouvins auffi-tôt de ce qui étoit arrivé à un Gentilhomme fort fage, qui dans une occafion femblable ne répondit pas un mot, & ne fit d'autre gefte que de baiffer les yeux pour regarder aux pieds du tentateur qu'il avoit devant lui. Ce qu'il fit plufieurs fois avec beaucoup d'attention & dans un profond filence. Cet homme l'ayant quitté, quelqu'un demanda à ce Gentilhomme la raifon de ce filence myfterieux & de ce regard affecté; il répondit que l'emportement & l'infolence de celui qui l'avoit attaqué de la forte lui avoit fait croire

que ce ne pouvoit être qu'un Démon
en habit de Religieux ; & que c'étoit
la raison pour laquelle il lui avoit si
souvent regardé les pieds , pour voir
s'il n'avoit pas les oncles crochus , que
les peintres donnent au tentateur pour
notre instruction. J'ai fait comme ce
Gentilhomme en regardant souvent
aux pieds de mon Jésuite ; mais sans
avoir été aussi muet , je ne laissai pourtant pas échapper un seul mot que
je n'eusse pu dire à votre Seigneurie
Illustrissime.

Je suis venu à bout de fonder soli-
dement mon Séminaire avec beaucoup de peine. Le bâtiment n'est
pas encore en état d'y loger les Sé-
minaristes. Ce Pere a manœuvré avec
quelques citoyens pour demander à
son Altesse au nom de la Ville , qu'on
fasse de ce bâtiment au lieu de Séminaire , un Collége de Jésuites. Cela
a souverainement déplu à tout le monde & même à ceux qui par complai-
sance pour ce Pere ont présenté cette
requête. Chacun en tire de mauvais
augures de ce qu'on doit attendre d'un
tel homme. Il s'appelle Jules Maz-

zarin ; il eſt Sicilien de naiſſance.
Votre Seigneurie Illuſtriſſime le doit
bien connoitre, s'il eſt vrai qu'il ait
fait à Milan d'autres eſcapades.

J'ai cru devoir donner avis confi-
demment de tout ceci à votre Seigneurie Illuſtriſſime en la ſupliant,
pour le ſervice de Dieu & celui de
notre bon Prince, qui eſt ſi plein
d'amour & de reſpect pour vous,
d'avoir la bonté de penſer à ce que
je dois faire, voyant de pareils excès, & devant en attendre encore de
plus fâcheux. Il n'a rien épargné pour
me mettre mal dans l'eſprit de ſon
Alteſſe, & m'ôter ſa confiance, afin
d'en diſpoſer plus à ſon aiſe. Les premiers de la Cour ſe ſont étroitement
ligués avec ce Pere. Les autres le
haïſſent & le craignent. Tout cela
cauſe un tel déſordre, que je ne peux
maintenant m'abſenter pour accepter
la gracieuſe invitation de votre Seigneurie Illuſtriſſime : je la ſupplie
cependant de croire que je n'ai pas
de plus grand déſir, que de courir
comme un homme alteré, à ces ſour-
ces divines. Je lui baiſe très-humble-
ment

ment les mains en lui fouhaitant toute
forte de bonheur. A Urbin ce 25 Août
1584. De votre Seign. Illuft. & Reverendiffime, le très-humble & très-
obéiffant ferviteur, *L'Archevêque d'Ur-*
bin. L'adreffe eft *à Monfeigneur l'Illu-*
ftriffime & Reverendiffime Cardinal de
Ste Praxede, à Milan. Elle eft au
Tom. 21. du Regift. p. 1. lett. 173.

Note de l'Editeur. En 1584 le 25
Août l'Archevêque d'Urbin étoit An-
toine de Gianotto de Padoue, qui fut
fait Evêque de Forli en 1563 le 30
Janvier. Il eft appellé par Ughello
Antoine Jannotti de Montagnana de
Mantoue, Chambrier Apoftolique.
Il fut fait Archevêque d'Urbin en
1578 le 11 Août. Il fut Vice Légat
à Avignon. De-là il paffa à la Vice-
Légation de Bologne, où il mourut
en 159 ; il fut enterré à S Petrone.
Tiré de l'Italie Sacrée de Ferdinand
Ughello. Note trouvée dans un pa-
pier entre ceux du manufcrit original.

E

XXI.

Lettre écrite par ordre de l'Evêque de Novarre & fignée enfuite de fa propre main & adreffée au Cardinal Borromée, Archevêque de Milan, telle quelle eft tranfcrite au Tom. 19. p. 3. num. 155.

Monseigneur,

Je fus Dimanche dernier à Vigevano à caufe de la mort de l'Evêque : y étant arrivé, j'aurois eu befoin d'étudier le fermon que je fis le lendemain matin ; mais je fus obligé de me jetter fur un lit & d'y demeurer plufieurs heures. Etant revenu à Novarre, je fus obligé de faire la même chofe, me reffentant de cette courbature que j'avois eue avant que la fievre me prît à Bobbio. Ce que j'ai voulu mander à votre Seigneurie Illuftriffime, afin qu'elle ait la bonté de

m'excufer envers elle , & M. Spetiano & tous autres , fi je ne me fuis
pas mis auffitôt en voyage pour Genes ;
mais néantmoins j'ai deffein de m'y
tranfporter le plutôt que je pourrai,
& que les Médecins me le permet-
tront.

Il y a plufieurs mois que je cherche
de tous côtés un Pénitencier pour
mon Eglife Cathédrale , auffi bien
qu'un Théologal. Je n'ai pu encore
trouver perfonne qui foit capable de
ces emplois. Mais j'apprends que votre Seigneurie Illuftriffime a à fon
fervice un Pere , dont le nom ne me
revient pas dans le moment , lequel
a été de la Compagnie de Jéfus, & qui
doit prêcher ce Carême à Treviglio.
Il feroit tout-à-fait propre pour une
de ces deux places. Je fupplie donc
inftamment votre Seigneurie Illuft.
d'avoir la bonté de m'accorder ce Pere:
ce qui fera tout à la fois un grand
bien que vous ferez à cette Eglife ,
qui ne vous appartient pas moins que
celle de Milan, & donnera une grande
fatisfaction , à ce que je crois , à la
Compagnie des Jéfuites , qui ne peu-

E ij

vent foufrir qu'aucun fujet forti de
leur Compagnie demeure dans une
Ville ou un Diocèfe où ils ont un
*College, fur-tout s'il y eft connu pour
avoir été Jéfuite. Je le fais par moi-
même ; car dans le tems que j'étois
à Peroufe je défirois très fort d'en employer un qui étoit forti de la Compagnie, & qui me plaifoit beaucoup ;
cependant je fus obligé de m'en pri-
ver, pour tranquilifer la Compagnie,
qui en faifoit beaucoup de plaintes
& de bruit tous les jours, & de mettre
ce bon Prêtre à l'abri de toutes les
peines qu'ils lui faifoient à ce fujet.

Je ne pretends pas que ce foit là
une raifon déterminante pour votre
Seigneurie Illuftriffime : je fais bien
qu'elle a affez d'autorité pour leur
impofer filence là-deffus. Je n'attends
cette grace que de fa bonté, pour
le bien, comme je l'ai dit, de mon
Eglife & à caufe du grand befoin
que j'ai de cette faveur fignalée. Je
ne puis même me perfuader que ce
Pere puiffe faire ailleurs autant de
fruit, qu'il eft capable d'en faire ici
à caufe de l'entiere difette de gens

qu en foient auffi capables, & de la bonne difpofition où je vois ce peuple & le Clergé, toutes les fois que j'ai des miniftres capables de leur faire du bien. Au refte quand j'aurai ce Pere ici, il fera toujours au fervice de votre Seigneurie Illuf-triffime quand elle voudra le ravoir. Et je le recevrai de votre main, comme une des plus grandes faveurs qu'elle puiffe me faire. Elle aura le mérite de tout le bien qu'il fera chaque jour, & qui, fi je ne me trompe, fera grand & fignalé. Je vous baife très-hum-blement les mains & me recommande aux bonnes graces de votre Seigneu-rie Illuftriffime. A Novarre ce 22 Fé-vrier 1582.

Ce qui fuit eft écrit de la propre main de cet Evêque.

Je fupplie V. S. Ill. par les entrailles de N. S. J. C. & par ce grand zele quelle a pour le falut des ames, de vouloir bien m'accorder ce Pere; foyez affuré que c'eft un grand fervice à rendre à Dieu, & un grand bien à

E iij

procurer aux fideles de cette Ville. Je ne puis recevoir de faveur qui me foit plus agréable. C'eft pourquoi j'attends cette confolation de la grande bonté & charité de votre Seigneurie Illuftriffime, dont je fuis le très humble & très obéiffant ferviteur. *L'Evêque de Novarre.*

Note de lEditeur. Le 22 Février 1582. l'Evêque de Novarre étoit François Boffi Milanois, fils du Sénateur Gille Boffi. Il fut Protonotaire Apoftolique & Referendaire de l'une & de l'autre fignature, enfuite Vice-Légat de Peroufe, d'Ombrie & de Bologne. Pie V le fit Evêque de Gravina le 2 Août 1568. Grégoire XIII le transfera à l'Evêché de Peroufe le 5 Mai 1574. Ughello l'appelle un illuftre Jurifconfulte, & un Prélat d'une très grande réputation. Le même Pape Grégoire XIII. le transfera le 21 Octobre 1579 à l'Evêché de Novarre, à la priere de S. Charles Borromée, qui fe faifoit le plus grand plaifir d'avoir pour Suffragans des Prélats de mérite, & qui lui reffemblaffent. Il mourut à Novarre le 18 Septembre 1584. S. Charles Borromée affifta à fes funérailles. Il fut enterré à la Cathédrale. *Tiré de l'Italie facrée de Ferdinand Ughello.* C'eft une note trouvée dans un papier qui étoit un manufcrit original.

F I N.

Nous Reformateurs de l'Univerfité de Padoüe.

Ayant vû par le Certificat de revifion & d'approbation du Pere F. Serafin-Marie Maccarinelli, Inquifiteur Général du St. Office de Venife, donnée au Livre manufcrit intitulé : *Lettres du glorieux Archevêque de Milan, Saint Charles Borronée*, &c. par lequel il attefte qu'il n'y a rien de contraire à la Ste. Foi Catholique : vû pareillement l'atteftation de notre Sécrétaire, qu'il n'y a rien contre les Princes, & les bonnes mœurs ; Nous accordons la permiffion à Pierre Baffaglia, Imprimeur, de l'imprimer, en obfervant les Reglemens en matiere d'imprimerie, & remettant les éxemplaires accoutumés dans les Bibliothéques publiques de Venife & de Padoue. Donné le 27 Janvier 1761. M. V.

MM. $\begin{cases} \text{MARCO FOSCARINI, Cav.} \\ \text{Proc. Ref.} \\ \text{ALVISE MOCENIGO, Cav.} \\ \text{Proc. Ref.} \\ \text{PAUL RENIER, Ref.} \end{cases}$

Regiftré dans le Livre p. 121. num. 526.

JACQUES ZUCCATO, Sécretaire.

Regiftré au Tribunal du Magiftrat qui connoît du Blafphême.

FRANÇOIS GODALDINI, Sécrétaire.

LETTERE

DEL GLORIOSO

ARCIVESCOVO DI MILANO

S. CARLO BORROMEO,

CARDINALE DI S. PRASSEDE,

Per la prima volta date in luce.

AVVISO.

LE presenti Lettere furono distese dal Secretario di S. Carlo Borromeo, dipoi postillate, e sottoscritte dal medesimo Santo, ed in tal forma sigillate, spedite a Roma al suo Agente Monsignor Cesare Speziano Protonotario Apostolico, il quale ritornato alla sua Patria Milano, tutte le portò seco : e così postillate, soscritte, col sigillo anche appesovi si veggono nell' Archivio contiguo alla Biblioteca Ambrosiana registrate insieme colle risposte, che esso Monsignore da Roma mandava a Milano : avvertendo che nel trascriversi queste Lettere si è voluto ricoppiarle esattamente conforme il loro Originale, cioè a dire, ove si vedranno le chiamate indicate con questo segno (a) farà indizio delle Postillazioni fatte con mano propria di S. Carlo istesso, che appunto così indicava: e le medesime saranno qui marginali, benchè nell Originale siano interlineari, e ciò affinchè si possano distinguere le

E vj

Aggiunte di S. Carlo dalle parole del
suo Secretario, se pur anche non sia
onninamente dettatura di Lui ogni
Lettera, come v'ha fondamento di
credere : egli almeno è certo, che le
rivedeva : e però vi faceva le dette
Postille. Si è tuttavia tralasciato d'
imitare allo stesso modo certi avverbj,
e cose simili di poco momento, che
alle volte S. Carlo forse aggiungeva,
o levava per maggior connessione
de' sensi : quando però il fine suo non
fosse stato di far comprendere in Roma, che quanto era scritto, era pas-
sato diligentemente sotto il suo occhio. Si è praticata ogni maggior diligenza in ordine al citare i Tomi, e
numero delle Lettere da dove si sono
transcritte, colle date del tempo, ec.
Siccome l'indice, o Disposizione delle
medesime non è del tutto esatto,
così se ne sono tralasciate alcune altre rispetto alla pocca Disciplina, e
ostinazione de' PP. Gesuiti in ordine al
non volere portar la Cotta nel Con-
fessionale all' opposto de' Padri Bar-
nabiti, e Teatini, che con prontissi-
ma ubbidienza eseguirono le premure
del Santo Cardinale.

PREFAZIONE.

LE Lettere de' Santi, come reli-
quie de' fentimenti del loro cuore
fi debbono raccore con cura, e legge-
re con riverenza. In quelle s' efpri-
mono con candore, fi fpiegano con
chiarezza, fi efpongono con fempli-
cità gli interiori giudizi da effi for-
mati di tutte le cofe, che altrimenti
fi apprendono dal volgo. Lo fpirito
di Dio, che fparge i lumi, muove
gl' affetti, e regola la loro mano,
fi fcuopre, & fi rivela nè loro detti,
che l' uomo animale non può capire,
mentre l' uomo fpirituale giudica di
tutto.

Tanto più quefto fi fcorge nelle
lettere di quei Servi di Dio, che
fono fufcitati a difegno per la riforma de' coftumi, per l'edificazione di
Popoli, e pel regolamento del Clero.
Allora come Dio fi communica più
ampiamente ne' loro fcritti per la
grand' opera, così fono più forti i

fentimenti , più efatti i giudizj , più
acconci i rimedj.

Non può negarfi che fra tutte deb-
bano effere più pregiate le Lettere
inedite di S. Carlo Borromeo, in cui
per la generale riforma fi raccolfero
ed unirono tutti i lumi di molti Santi
paffati , e fi videro ridotti in prattica e nelle fue azioni, e ne' fuoi Si-
nodi e nelle fteffe fue Lettere i fentimenti più vivi della pietà , i regola-
menti più efficaci della difciplina.
L'attenta fua vigilanza , e l'accefo
fuo zelo non maneggia , non pallia ,
non ricuopre nelle fue lettere i femi
de' communi difordini , le caufe del
rilafciamento univerfale , e fin le fe-
grete radici de' mali , che lo facean
gemere e fofpirare. San Carlo vi fi
moftra a fcoverto , e niuno fcappa
al Cenfore de vizj.

Troveran tutti in quelle lettere o
che apprendere , o di che emendarfi ,
o fopra che regolarfi. I femplici Fe-
deli vi leggerano le maffime più pure
della Morale , e i ftimoli più acuti
dell' offervanza de' Divini Precetti:
i femplici Sacerdoti vi vedranno l'i-

magine dipinta di tutte le virtù che
fon proprie al loro ftato , e l'orrida
ombra di quelle cofe , che fon lon-
tane dalla loro vocazione. Confef-
fori vi apprenderanno quella faggez-
za , e prudenza , che è l'anima del
loro Miniftero , e quella celefte Dòt-
trina , che è il depofito della loro
Carica. Ma più di tutti avranno che
imparare i Paftori , i quali chiamati
da Dio al governo dell' anime , come più foggetti alle forprefe , ai pe-
ricoli , all' infidie tefe al loro fantó
Miniftero , fon più bifognofi di prov-
vederfi di lumi , di maffime , e di
regole per la fcelta delle perfone , a
cui debbanno confidar una parte de'
loro poteri ; qui ravviferanno fvelata-
mente di chi debban guardarfi , di chi
debban fervirfi , e i variati mezzi ,
che debbanno impiegare per fotrarfi
agl' inganni ed arti de' traviati , e
reftar immobili nella difefa e cufto-
dia della difciplina.

Ci fono cadute a forte nelle Mani
alcune lettere non ancor publicate di
sì gran Santo , fe bene tratte fedel-
mente da loro originali , di cui non

si può dubitare , e di cui ci dichia-
riamo garanti. Ci pare un furto , un
latrocinio , un sacrilegio il ritenerle
presso di noi , mentre appartengono
alla Chiesa , per cui son fatte. Questa
è meno una pubblicazione , che una
restituzione al Publico interessato , è
meno un'edizione , che un'esecuzione
della mente dell'Autore , che non ha
scrito per se , ma per gl'altri. Tali ,
quali sono le doniamo , guardandoci
con scrupolosa religiosità , di alterarle
in minima parte , di accrescerle con
minime note , di mutarne alcun termine , sebene oggi meno ricevuto ed
inteso , ed allora più usato e popu-
lare , finalmente di emendarne almeno l'ortografia , o di sopprimer le
aggiunte fatte di mano del santo come correzioni all'originale. Tutto è
sagro in questo deposito , e tutto deve
rispondere alla nostra ingenuità , e
all'espettazione del Publico.

Molto Reverendo Signore.

OLTRE Maſchere, & gioſtre, che con molte diſſoluzioni ſi ſono fatte queſti giorni addietro quì in Milano, ſopra le quali vi ſcriſſi già; fui poi certificato, che il Marcheſe Governatore aveva deſignato di far tutte le Domeniche di Quadrageſima i medeſimi ſpettacoli: anzi per queſto effetto la notte avanti alla Domenica paſſata ſi lavorò a gran furia nel corſo di Porta Romana: credo bene, che non deſignaſſero a Maſchere, ſe non queſta prima Domenica, che con preteſto, che altre volte in tempo di quelle tenebroſe coruttelle non era conoſciuta, ne trattata per Domenica di Quadrageſima con quanto eſſi aveano già concertato le quadriglie, & Maſchere, & ſimili apparati per ritornarla a giorno di un ſolenne Carnovale; non oſtante che ſia queſto il quarto anno, che per mie dichiarazioni, Editti, & Decreti fatti con

molta confulta, come fapete, fi è
ftabilito per primo giorno di Quadragefima, come veramente il Popolo
per tale l' ha ricévuto con commune
offervanza anco queft' anno, con
prontiffima obbedienza, in modo che
anco il Venere, & Sabato precedenti
conforme all' Editto mio, non fi è
pur veduta cofa contraria. Hora di
quanto fcandalo publico farebbero
ftate quefte azioni, e quanto difturbo
avrebbero arrecato alle cofe fpirituali,
che in quefto tempo fi fogliono fare,
voi medefimo ve lo potete immaginare
anco dalla novità fteffa, che nei tempi
più corrotti non vi è memoria di
uomo vivente, che mai in Milano
nelle Domeniche di Quadragefima fi
attendeffe a quefte profanità, onde
io occorere à quefto inconveniente
di tanta importanza & così per-
niciofo, mi rifolvei poi a metter
mano a fare, & publicare l' Editto,
che farà quì allegato, dal prœmio
del quale potrete comprendere i molti
difordini, che fi fono fatti qui in
Milano quefti giorni, il quale Editto
ha però fatto molto frutto, poichè

non folo non fi fono fatte ne Mafchere,
ne gioftre , ne gli altri fimili vani
fpettacoli , ma fi confumò tutta quella
giornata fpiritualmente , & convenne
alla Chiefa Metropolitana ai Divini
Officj maggior quantità di Popolo, che
fi fia già mai vifta da molto tempo.

Ma perchè potrebbe effer facilmente,
che il Marchefe fi lamentaffe cofti
in qualche modo di quefto Editto,
ho voluto avvifarvi di quel , che è
paffato , acciò poffiate rifpondere, o
parlare in quefta materia, dove, o a
chi farà bifogno : anzi mi par bene,
che prevenghiate in farlo fapere à
N. S. ; febbene intendo , che il Marchefe fente ora tanta vergogna della
cofa in sè tanto brutta , & già dà
lui determinata , che forfe non nè
parlera , fe non è per colorirla , con
dire , che quefti non fono fpettacoli,
ma efercizi neceffarj per la gioventù,
& milizia ; al che io rifpondo , che
quelli , che li fanno fono tutti No-
bili , & li poffono fare fuori delli
giorni di Fefta molto più fpeffo , &
anco fuori dei luoghi di pubblico
concorfo , fenza intervento delle Gen-

tildonne, & maffime che fi devono
nei luoghi di fuori , dove ftanno i
Soldati, & non in Milano, o almeno fuori delle porte, come ho detto , & fenza far publico concorfo
pieno di migliara di peccati. Et perchè fi veda, che è pur troppo vero
quello, che ho detto nel proemio di
quell' Edito , vi manderò con l' altro
ordinario un Proceffetto di difordini , che quì fi fon fatti in quefti giorni.

Hor quanto all' offervanza della
(a) Chic= Domenica (a) in Capite Quadrage-
mata.] fimæ , come veramente primo giorno della noftra Quadragefima , io
credo, che in ogni cafo non parle-
ranno là di quefto, ne io vorrei, che
fi metteffe in dubbio con difputa ,
perchè già fi è pratticata anco queft'
anno beniffimo , nondimeno , mi occorre dirvi , che mi fu fatto fapere,
& fcoperto già l' abufo di quefta in-
offervanza, che era qui , da più Predicatori foreftieri , con le ragioni evi-
denti , che era il primo giorno di
Quadragefima. Confultai la cofa a
Roma con li Sig. Cardinali Sirleto,

& Santaſeverina , & altri , quando
ero là : poi qui a Milano con piene
Congregazioni , & in ogni luogo ſi
concluſe , che il non oſſervare queſta
prima Domenica , come giorno Qua-
drageſimale, era un' abuſo contrario all'
Inſtituto antico anco di queſta Chieſa.
Per queſto principiai ad ammonir il
Popolo con una lettera piena delle
ragioni , per le quali ſi doveva far
Quadrageſima queſto giorno , eſor-
tandolo a non ſcorrere più oltre nell'
abuſo ſolito , e fù l' ammonizione ab-
bracciata , & obbedita aſſai bene : l'
anno ſeguente feci un' Editto per
modo di dichiarazione , comandan-
dolo preciſamente , & fù commune-
mente oſſervato : feci anco in conformità il Decreto dioceſano , & così
è ora meglio che mai oſſervato : con-
tuttociò vi mando anco a parte per
ogni biſogno che foſſe una informazione dei fondamenti , con i quali ſi
è fatta queſta (a) mutazione.   (a) *Dichia-*
                                        razione, &
Quanto alla proibizione di Maſchere,
gioſtre , & altre ſimili coſe in tempo
di Quadrageſima , & di Feſte anco per
l' anno ; maſſime mentre , che ſi ce-

lebrano i Divini officj, voi fapete, che queft' è conforme non folo a qualche Sagro Canone, e Concilio, ma anco alle leggi civili ifteffe ; & io ho giudicato bene pigliar quefta occafione, e congiuntura di tante publiche meftizie, & tante eforbitanze feguite così contrarie alla mente del Rè Cattolico in mettere anco in prattica, & efecuzione il Decreto del Concilio noftro Provinciale terzo, revifto, & approvato coftì, nel quale fù anco aggiunto quella parola *faltem* dalla Congregazione al capo de' balli, ma non a quella delle gioftre : ma io ho fatto l'Editto così moderato, per procedere più giuftificatamente per l'augmento, che ho fatto della pena, che così era neceffario in fimile congiuntura, per effere obbedito. Darete hora conto di quello, che vi parrà a Sua Beatitudine, e ftate avvertito, che non paffi coftì cofa contraria a quel, che fi è fatto con ragioni così giufte, & a quello, che fi è rifoluto nel Concilio Provinciale, & approvato coftì in Roma.

Et intendo, che il Marchefe fi duole

di quella lettera , che io fcriffi ultimamente a queſto Popolo , dicendo ,
che è troppo mordace , ma io non
mordo , ne riprendo ſe non gl' errori ,
ne dico , che ſia lui l' autore , ne
altri. Hor ſe egli ſi conoſce di eſſer
ſtato cauſa dei diſordini, e diſſoluzioni,
che ſon paſſate, dogliaſi di ſe ſteſſo ,
ne gli paja ſtrano , che io riprenda i
vizj : perchè queſto lo fa anche aſ-
pramente l' Evangelio , e Criſto
Signor noſtro , e l' hanno fatto tutti
i Santi acerbamente , & è officio
proprio , & debito al Veſcovo ; il
quale quando anche non può con
effetto rimediare a ſimili diſſoluzioni
del ſuo Popolo, maſſime coſi publiche,
deve moſtrare almeno , quanto dolore
egli ne ſenta , & quanto diſpiacciano
a Dio , & che non le approva , ne
vi conſente , anzi che le improba ,
perchè coſì il Popolo buono ſe ne
aſtenga.

Dovete ſapere , che il Marcheſe vedendo , che i ſuoi Muſici non erano
ammeſſi a cantar ſenza cotta nelle
Chieſe de' Preti Secolari , ſi era meſſo
a andare a quelle de' Regolari. Hora

Avendo io in una Congregazione di tutti i Confessori, e Superiori Regolari, che ho fatta nel principio di Quadragesima, fra molti altri capi avvertiti anco a non ammettere cantori etíam laici senza cotta, & probazione di costumi conforme al Decreto del Concilio diocesano mio quarto, intendo, che il Marchese pure se ne risente, & minaccia di pretendere, che questo sia anco contro la giurisdizione Regia, cosa tanto ridicola; però quando egli ne scrivesse costì, state avvertito, perchè Sua Santità non si muti di quel buon proposito, che mostrò quando le parlaste l'altre volte in questa materia, & io farò risolutamente interdire quei Musici, che non obbediranno.

Con questa occasione non voglio lasciar di dirvi, che è qui un Padre del Gesù, dal quale il Marchese suole confessarsi, dotto sì, ma di questa sua dottrina si vale assai in nutrire nel Marchese, & sostenere pertinacemente anche fuori del foro della conscienza, certe massime, che se non sono tutte false, almeno sono talichè tali, che è perniciofiffimo l'infegnarle, con certe diftinzioni in aft:atto : quefto è peccato mortale, quefto nò : quefto può comandare il Vefcovo, e quefto nò : e fimili ; il che è uno di quegli impedimenti, che ho avuto quì lungo tempo altre volte da un' altro Padre della detta Compagnia di quefti buoni Padri, & è cagione, che vedendofi il Marchefe confermate, & approvate certe fue opinioni, tanto maggiormente fi rende difficile, & incapace in molte cofe, d'onde potete penfarvi quanti difturbi, & fcandali poffono nafcere alla giornata. Quei Padri non dubito, che fappiano la cofa ; e pure non nomino quefto Padre, ma vorrei bene, che vi provvedeffero efficacemente tanto più, quanto fanno quanti mali causò quell' altro, a che nòn volfero rimediare per i loro rifpetti humani. N. S. Iddio fia fempre con Voi.

Di Milano alli xi. di Marzo MDLXXVIII.

A piacer voftro

Il Cardinal di S. Praffede.

'Al di fuori con fuo Sigillo

Al Molto Rev. Monfig.

C E S A R E S P E T I A N O (a)

Protonotario Apoftolico

Roma

(a) Monfig. Cefare Spetiano è

F

nativo di Cremona. S. Carlo Borromeo
il fece Canonico di Milano ; poscia
il mandò a Roma Procuratore de'
suoi gravissimi affari , *ubi cum plures
annos in eo munere peregisset , prudentia
agendique dexeritate inclaruit.* Gregorio
XIII. *ejus probitate perspecta ,* lo creò
Vescovo di Novara , *sub finem sui
Pontificatus , hoc est anno 1585. , quo
prima die Martij profectus est.* Fu poi
traslato da Gregorio XIV. nel 1591.
30. Gennajo al Vescovato di Cremona,
dove morì nel 1607. Così presso
l'Ughelli.

Questa lettera si trova registrata
nel Tom. 16. p. 2. sotto il n. 113.,
e la risposta di Monsig. Spetiano trovasi
sotto il num. 129.

Molto Reverendo Signore.

E Quì in Milano un Padre della Compagnia del Gesù chiamato il Padre Giulio Mazzarino, in quale l'anno paffato, che predicò nel Duomo; & queft'anno molto più, che predicava nella lor Chiefa di Brera, è andato pigliando ogni dì occafione di ufcire a modi ftravaganti, & fpeffo a parlare diretta, o indirettamente contra le Ordinazioni, che fi davano (a) per la riforma, & buon governo fpirituale di quefto Popolo (b). Io l'anno paffato andai fopportando, & efcufando molte cofe con la terribillezza dell'animo, che attribuivo a natura non facilmente rimediabile, & mi lafciavo pure intendere da fuoi Superiori della mala foddisfazione, che ne avevo : così facevano fpeffo altri miei Miniftri ; perchè effi Superiori con la via, che foffe più a propofito per lui, l'andaffero ajutando, & temperando fino al fine

[a] *Di Superiori Ecclefiaftici.*

[b] *Et fpargendo maffime di poca obbedienza verfo effi, & altri fcandali.*

F ij

di Quadragefima, e confeguentemente
delle fue prediche in Duomo : ma
non hanno baftato molti officj fatti
feco per mezzo de' fuoi Superiori a
frenarlo, che quando effo, che per
quefta via fi andava gratificando gli
Spiriti inquieti, & amici della larghez-
za, & poca difciplina, ebbe mezzo
di effer pofto a predicare in Brera,
non abbia maggiormente fcoperto
il fuo perverfo fpirito : imperoche
gonfiatofi nel favore di così fatti
humori, e nel concorfo che hanno
le fue prediche indulgenti dalle Donne
più vane, & dalli giovani del Mondo,
& dagli altri amatori di così fatti
officj, è andato manifeftandofi tuttavia più, & peggiorando; & in
quefti principj della prefente Quadragefima ha sfogato molto più teftimonj di animo molto male affetto : per
quefto ultimamente chiamai il fuo
Provinciale, & parlai al Rettor di
Brera, che ora predica in Duomo,
& poi anche al fuo Luogotenente,
dolendomi affai delle fue eforbitanze,
& fpecialmente ricercai il Provinciale, che gli protestasse per mio nome,
che fe egli non fi rifolveva da do-

vero ad emendarsi, io ero risoluto di interdirgli la predica., & che io lo farei ascoltare continuamente, & farei quella esecuzione alla prima parola, che io sentissi più, che egli si sgovernasse. Il frutto, che risultò da questo officio fu, ch' egli nelle due prediche seguenti, cioè la Domenica, & il Lunedì, ad una delle quali era il Governatore, & Magistrati, fece molto schiamazzo in questa materia con invettive di Spioni, che l'ascoltavano, & altre stravaganze così fatte, & di non pendere, se non da Dio, & dalla sua obbedienza. Intanto mi vennero da più parti varie relazioni dello scandalo, che dalle sue prediche, & ruine, che erano per fare in questo Popolo, che alcuni lo chiamavano per questo peste di Milano, onde come ho amato sempre questa Congregazione tanto, quanto ogn' uno sà, & per ora anco si può dire, che ho l'anima mia in mano di uno dei Padri loro, poichè faccio tutti i ritiramenti, esercizj, & indirizzi miei spirituali con la guida del P. Adorno della Compagnia loro, che

F iij

hora anco predica nel Duomo, così
ho avuto gran considerazione, &
rispetto all'onor di questa Congregazione, anco in questa occasione;
ma dall'altra parte mi sono sentito
esser più obbligato a Dio, & alla
conservazione della pietà, e discipli-

[a] *Però* na Cristiana in questo Popolo : (*a*)
vedendo, che i Superiori quì della
Congregazione non bastavano a dar
rimedio, & che se io tacevo più
oltre, era questo uomo per dissol-

[b] *Di be-* vere in questa Quadragesima tutto
ne in queste quello, che forsi si fusse fatto (*b*) in
anime. molti anni addietro, mi risolsi a rimedio più efficace, & ordinai, che
si facesse processo delle cose, che erano notificate da lui, & dissegnai di
levargli subito la predica in vigor
delli Decreti del Concilio di Trento
nella Sessione v. e nella Sessione 24. ;
ma fatte vedere le informazioni prese
dal P. Inquisitore di quì col Vescovo
di Lodi, che allora si trovava quì,
& altri, fù risoluto che vi erano proposizioni sospette in materia di Fede, massime circa la podestà del Papa,
& alcun altro punto, & che si dovea
sopra esse esaminare formalmente.

Fù dunque cominciato l' efame dal mio Vicario Generale con il P. Inquifitore, & fuo Vicario, & per rifpetto della Congregazione rimeffo alla fera al Monafterio fuo con ordine di contenerfi in cafa per tutto il Monafterio di Brera, ma non la Chiefa frattanto, che fi vadano feguitando l' informazioni, che fi pigliano, & li efami fuoi, al che fi attende tuttavia. Quefto Padre nel tempo fteffo, che veniva efaminato, ha sfogato molte parole fuperbe, & che averà huomini, che lo favoriranno, & cofaccie così fatte, & può effere, che anche il Governatore faccia degl' ufficj di là caldi, e muova quì perfone a far fede, o teftimonj per lui, mentre che non fanno, che vi fia materia di Fede. L'amore, & i meriti della Compagnia poffono effere in confiderazione a molti & quefti Padri ifteffi, mentre credono, che non vi fia cofa di Fede per l'occhio, che hanno folo alla riputazione della Congregazione, non è meraviglia, che facciano efquifita diligenza anche di far piccole le fue colpe; nel refto, come intendo, che già hanno spedito a Roma per via straordinaria sopra questo fatto, (a) ho diffegno, fatti i proceffi, di far relazione a Monfig. Illuftriff. Savello d' ogni cofa, & che di là fi faccia la rifoluzione, ne fento di ricordar altro (b) nelli punti, che toccano alla Fede, fapendo con che zelo, fincerità, & verità faranno veduti, & difcuffi di là, & non dovendo far giudizio innanzi la debita cognizione in cofa fpecialmente dubbiofa, come quefta, & così grave. Ma perchè nell' altre cofe a me è manifeftiffima la colpa fua, & però non fi può così facilmente mettere in chiaro minutamente la gravezza fua (c) perchè le genti hanno in ciò varj rifpetti a deponere, come potete immaginarvi, & perchè il danno, ch' egli ha fatto, è molto maggiore, che io ne altri poffono efplicare con parole, ne con lettere, ne fi può vedere da lontano con proceffi ifteffi, mi vedo ftrettamente obbligato per fervizio di quefte anime, & di quefto governo Ecclefiaftico, anche negl' altri luoghi a fupplicare N. S., & Mon-

(a) Io per quefto.

(b) Hora

(c) Per il modo latente con che fi pargono, &

fign. Illuftrifs. Savello, & quei fuoi
Illuftrifs. Colleghi, dove fia bifogno
a fare, che quando ben egli fi trovaffe
innocentifsimo nelle cofe della Fede,
fi dia qui una gran foddifazione per
quefto altro conto, non dico ora di dir
parole nelle prediche, perchè io fon
(a) certiffimo, che non lo farebbe mai,
fe non ftroppiatamente, & troppo
differente da quello, che egli doveffe
per l'opinione, che hanno i fuoi
Padri ifteffi del cervello fuo indomi-
to, ma in fare ordinazione, che fi
aftenga per qualche tempo da queft'
officio delle Prediche così pernicio-
famente efercitato, & fopra tutto,
che fi abbia a levar di qui, ne mettervi piede per un pezzo, molto meno predicarvi, perchè così il Popolo intenda, che N. S. non approva
fimili affetti, con che ha qui infinua-
to tanto perniciofa licenza nella Difciplina Criftiana & obbedienza, &
riverenza ecclefiaftica. In quefta parte ultima, fe non foffe la tenerezza di
affezione, che (b) univerfalmente
quefti Padri alla fua medefima Congregazione, che forfe non lafcia ve-

(a) *Quaſi.*

(b) *Hanno.*

F *y*

der così intieramente la cofa, ardirei quafi dire per conclufione di quefto negozio a N. S., che coftringeffe in cofcienza il Provinciale prefente della Compagnia loro quì, & quello, che fu quefti anni paffati, che ora è Rettor quì di Brera, a dirle quello, che fentono di quefto uomo, & delle fue azioni in quefte Prediche, & crederei, che ciò baftaffe per fare, che niuna cofa ritiraffe, o allentaffe N. S. da ordinare in tutti i modi la fuddetta foddisfazione, dove non fia neceffaria cofa maggiore per l'altro capo, cioè della Fede; & per afficurare Sua Santità, che ciò fara un de i più rilevati ajuti che fi poffa dare al medefimo Padre, il quale fi fcuopre dai fuoi efami, che anche fuori delle prediche, era iftrumento molto inclinato a nutrire, & fomentare colle fue dottrine, & configli, i mali umori, che fono alcuna volta quì contro l'Autorità Ecclefiaftica. N. S. Iddio fia con Voi fempre.

Di Milano alli XXVII. di Marzo MDLXXVIIII.
Date fubito conto pienamente di tutto quefto a N. S., & a Monfig. Illuftriff. Savello per la prefedenza, che ha del S. Officio.

A piacer voftro.
Il Cardinal di S. Praffede.

Poster. Intendo, che si è sparsa opinione fra codesti Padri della Compagnia, che io abbia proceduto contro il Padre Mazzarino per officj fatti meco segretamente dal P. Adorno, la qual suspicione, siccome è troppo aliena dalla verità istessa, & dalla sincerità di quel Padre, così se io vedessi, che andassero perseverando in essa, avrei ben occasione di credere più facilmente, che in quella Compagnia abbiano gran forza le passioni, & che però vi sia bisogno d'una gagliarda mano ad estirparle: imperocchè tanto è lontano, che il P. Adorno abbia mai fatto meco quest' officio, che quando egli seppe l'esecuzione, che io avea fatta di esaminarlo, & sequestrarlo in Casa, quasi con le lagrime agl' occhi venne a pregarmi istantemente, che almeno per rispetto della Compagnia io non volessi procedere con quel Padre in questo modo; però desidero, che di ciò rendiate capace il Padre Generale, & chi avesse così falsa opinione, dicendogli insieme, che avendo un soggetto di tanta pietà, & sincerità d'

F vj

animo , quanta non è maggiore in molti altri di quella Compagnia , ne fors' anco uguale , mi pare veramente , che gli facciano troppo gran torto a sospettar di lui una cosa tale.

Al di fuori della lettera sigillata

Al Molto Rev. Monsig.

CESARE SPETIANO

Protonotario Appostolico.

Roma.

Questa lettera trovasi registrata nel Tom. 16. p. 2. num. 140.

Paragrafo cavato dalla lettera 66. in fine cioè una Poscritta Tom. 16. p. 2.

Dite a N. S. , & a Monsig. Illustriss. Savello , che sono spediti gli esami del Padre Mazzarino , & si gli decernerà ora la copia per far le sue difese , intanto con quest' altro ordinario manderò a S. Santità tutto il Processo , perchè per molti rispetti giudico espediente , che di là si vedi.

e deliberi questa causa , o si ordini
quà a voi quello , che in essa si averà
a determinare. Non lascierò già di
dirvi , che questo Padre per ajutarsi
meglio , procura di far sentire , che
questa sua causa sia anco essa interesse
della Giurisdizione Regia , cioè , che
io lo travaglio per far dispiacere al
Governatore , & a questi Magistrati ,
perchè egli sente a favore della Giurisdizione Regia.

Di Milano 11. Aprile MDLXXVIIII.

Molto Reverendo Signore.

SI è dato al P. Giuglio Mazzarino
il processo fatto contro di lui (a) ,
il quale vi mando con questa , acciò
lo vediate prima Voi per informazione vostra , & poi ligandolo , lo diate
a N. S. , o a Monsig. Illustriss. Savello di commessione sua : perchè
vedendo io , che questo Padre si va
procacciando molti mezzi , & favori ,
& vie indirette per uscire superbo
più che mai di questa causa , & anco

[a] Per far la sua difesa.

per altri rispetti, ho giudicato bene, come vi ho già scritto, che si finisca costì questa causa, o (a) si ordini a noi quello, che dobbiamo fare per la perfezione di essa : & però si manda un' informazione di quel, che pretende il Fisco contro di lui , & si manderanno poi le sue diffese, come le aveva fatte, se così piacerà a Sua Santità, benchè dalle sue diffese potrà risultare poco più di quello che risulti del Processo, fuori di gran Testimonj, che farà esaminare., di buona opinione di lui : poichè i punti principali consistono nelle sue Prediche scritte, & nelli esamini suoi più che in diposizione de' Testimonj: questa causa, io m' immagino, che N. S. la rimetterà a Monsig. Illustriss. Savello, come Supremo Inquisitore, il quale so quanta affezione porti alla Compagnia di questi Padri, come veramente faccio ancor io, & l' ho mostrato in tanto occasioni & lo mostraro anco in avvenire sempre, & pure alli giorni passati, che per scorso d' un esagerazione un' altro suo Padre, leggendo nel Duomo, disse una proposizione non sana, vi

(a) di là.

(135)

ſi provide ſecretamente con farlo di-
chiarare, & rivocare quello, che non
ſtava bene, ſenz' altro ſtrepito, &
con volontà del P. Inquiſitore paſſato ; perchè ſi giudicò, che non vi era
errore di malizia, maſſime che la
predica, o lezione ſcritta ſi trovò
buona ; ma dove la coſa è altrimenti, ſono più debitore a Dio, & alla
edificazione della Fede, & coſtumi
Criſtiani nella ſua Santa Chieſa, che
ad ogni altro riſpetto, & per queſto
in ſuſpicione ſpecialmente di materia
coſì grave a queſti tempi, non ho
potuto laſciar di fare l' officio mio,
& quando anco non vi foſſe ſtata ſuſpicione pertinente (a), mi ſentivo   (a) *Alla*
obbligato con la proibizione della *Dottrina.*
Predica provedere, che queſto uomo
non perſeveraſſe in diſſolvermi (b)   (b) *Su' ³*
queſto Popolo, & anteporre la con- *coſtumi.*
ſervazione della pietà, & diſciplina
di eſſo, al riſpetto, che io ho ſempre portato a queſta Congregazione. Pero io m' aſſicuro, che non ſolo
N. S., ma S. S. Illuſtriſſ. ancora non
mirerà tanto alla tenerezza dell' affezione, che porta alla Compagnia,

che non rifguardi più al danno, che
quel Padre ha fatto in questa Chiefa, & che fi farebbe maggiore, quando non fi penfaffe a correggere fegre-
tamente ogni errore, in che fi trovaffe per il Proceffo fuo effere ftato,
overo qualche altre impertinenze,
quali fono così notorie, & pubbliche, che all'ultimo mi fon rifoluto
di non farci Proceffo più di quello,
che fu fatto in quei primi giorni, &
questa confiderazione tanto fi deve
avere, quanto chi lo diffende cerca di
tenerlo in opinione del Popolo, che
non abbia un minimo mancamento,
anzi effendo per questo prima ftato
ordinato da alcuni dei fuoi Superiori
a questi dì, quando era negli efami,
che fteffe rifervato da Forastieri, il
Provinciale fuo ordinò, che ogn'uno
gli parlaffe, & così ha tenuto tutto
questo tempo le vifite pubbliche di
Forestieri, come fe foffe fequeftrato
per qualche infermità, il che fe io
aveffi faputo per tempo, non l'avrei
tolerato, avendolo lafciato nel fuo
Monastero dal tempo delli efami folo per qualche rifpetto alla Congre-

gazione (a) ; & perchè alcuni di loro lo fcufano con dire, che io non l' habbia mai avvertito efprefsamente , dovete fapere di là, che quefto Padre fin dall' anno pafsato , quand'egli predicò nel Duomo , mi difpiacque fempre di vedere , che moftrafse così poco fpirito , & poca affezione alla difciplina , dicefse fpefso delle ftravaganze ; però non fi giudicò bene correggerlo immediatamente , vedendolo manifeftamente cervello così gagliardo , che quefto farebbe ftato di poco frutto ; & l' avrebbe piuttofto indutto a fare , & dire qualche maggiore ftravaganza, come potrete accorgervi anco da fuoi efami. Non ho però giammai diffimulato con i fuoi Superiori , contuttochè io foglia andar molto ritenuto in parlare di qualche diffetto , che io veda nei Predicatori , la mala foddisfazione , che io aveva di lui, & dolutomi feco delle eforbitanze , che fcoprivo alla giornata , perchè effi lo temperafsero in quel modo , che vedefsero più efpediente ; & queft' officio hanno fatto il mio Vicario , & altri miei innume-

(a) Non perchè non convenifse rinferrarlo più riftretta

rabili volte con li medefimi Superiori fuoi, i quali non potranno già negare, che io non gli abbia detto fin
tanto, che mi maravigliavo, & quafi
mi fcandalizavo, che la Compagnia
aveffe ammeffo quefto Padre hora,
cioè l' anno paffato alla Profeffione
in ricompenfa delle fue ftravaganze.
E ben vero, che io non gli ho mai
proibito, che non predicaffe, non effendo egli fcappato mai tanto fuori,
ne cadutomi in fofpetto di falfa Dottrina, come ha fatto ultimamente;
ma è anco vero, che da me non ha
avuto licenza, nepure fi è prefentato
per la benedizione di predicare queft'
anno in Brera, fe non che io l' ho
faputo, & non l' ho contradetto. Ricordo adunque, che in conformità
di quello, che io ve ne fcriffi con un'
altra mia, fecondo il giudizio, che
fi farà di la delle qualita fue, fi
faccia di modo, che il Popolo co-
nofca, che cofti è difpiacciuto il modo di predicare, che ha tenuto quefto Padre, & i mali femi, che ha
fparfi a diftruzione della difciplina
Criftiana, onde fi venga a riedificare
quello, ch' egli ha deftrutto.

Con quello, che vi ſcrivo ora, &
che vi ho ſcritto per altre mie intorno al Padre Giuglio Mazzarino,
deſidero, che diciate al loro Padre
Generale, & al Padre Palmio, che
io compatiſco al ſentimento, che
averà avuto la Compagnia di queſta
coſa ; ma la materia è tale, che io
non ho potuto laſciar di far l' officio
mio, perchè quando non ſi foſſe trattato di ſuſpicione pertinente alla Dottrina, & eſſi medeſimi aveſſero rime-
diato al reſto, & al danno, che faceva quel Padre con le ſue Prediche,
ſarebbe ſtato di molto maggior ſoddisfazione, che non vedere colla trop-
pa condiſcendenza, & timore, e riſpetto, ridotte le coſe a termine, che
io foſſi neceſſitato, fuori anche del
mio uſo, farvi ſubito rimedio, perchè non rovinaſſe affatto queſto Popolo. E non laſcierò anche dirvi con
queſt' occaſione, che ſon più di due
anni, che io ho trattato lungamen-
te (a) con queſti Padri medeſimi del
Gesù (b) d' incamminare una volta
il Seminario con il governo del Clero
Secolare, il che ho cominciato ora

(a) E tal volta.
(b) Che mi hanno moſtrato deſiderio.

(148)

ad efeguire , & le cagioni , che ci
induffero a far quefta rifoluzione , fono molte , & farebbero lunghe da
raccontarfi , ma fpecialmente perchè
foffe governato da Perfone , che avef-
fero il medefimo fine , & iftituto ,
che ha l' ifteffo Seminario , & anco
il medefimo rito , come che dalla
differenza in quefto rifultano molti in-
commodi a quefto governo , & alla
educazione , & fine di effo ; delle quali cofe neffuna potevamo avere dai
Regolari , maffime da quefta Compagnia , che non ha iftituto di celebrare
officj in Chiefa , & (a) per pigliare ancora dei foggetti del Seminario medefimo , perchè efercitandofi nel Seminario in fimili azioni di governo , ven-
gono a farfi più atti , & prattici delle
cofe , quando poi fono in beneficj fuori della Diocefi , o in altri Minifterj ;
oltrechè effendo il Seminario appog-
giato a quefti PP. della Compagnia
del Gesù folamente in vita mia , fi
poteva afpettare , che dopo , che io
foffi mancato , reftaffe privo di quefto
appoggio , & in tempo , che foffe privo d' uomini del Clero Secolare atto

(a) Secon-
dariamente.

ad abbracciare simile impresa, di ma-
niera che era pur bene incaminarla in
governo del Clero Secolare in tempo,
che posso io ancora con la cognizione, che ne ho, & con l'affezione, che gli porto, porgergli qualche
ajuto. Ora dunque diedi risoluzione,
già due mesi sono, a questi PP. di
mettere a questo tempo in esecuzione
la cosa, avendo io al presente qualche commodità di Soggetti nel Clero
Secolare, idonei per questo governo,
& speranza che ve ne possano essere   [a] *Sempre*
(a) nell'avvenire esercitandosi in ques- *più.*
to, massime con l'occasione di questa
Compagnia, che ho instituita degli
Oblati, la quale ha anche questo particolare instituto di governare i Se-
minarj, come si vede nella narrativa,
che fa N. S. alla Bolla della dismem-
brazione della Commenda delli Ot-   [b] &
taggi, (b) onde si è dissegnato far
principio a questa opera il giorno di
S. Ambrosio dopo Pasqua. Di che
ho voluto darvi avviso per quello,
che alcuni non sapendo della consul-
tazione, & deliberazione preceden-
te, potrebbero sospettare, che io
avessi fatto ora questo per mala sod-

disfazione, che io abbia di quei PP.
essendo seguito questo dopo la cosa
di quel Padre Mazzarino , il che è
[a] *Senso.* molto differente dal mio (*a*), non
avendo colpa tanti buóni nella colpa
di alcuno differente. N. S. Iddio sia
con voi sempre.

Di Milano alli VIII. di Aprile MDLXXVIIIII

Al piacer vostro.

Il Cardinal di S. Prassede.

Al di fuori con suo Sigillo

Al Molto Rev. Monsig.

CESARE SPETIANO

Protonotario Appostolico

Roma.

Registrata nel Tom. 16. p. 2. let. 76.

Molto Reverendo Signore.

RISPONDENDO alla voſtra del 28. del paſſato, dico che averete poi inteſo la cauſa, per la quale ſete ſtato un' Ordinario ſenza mie lettere.

Io mi ricordo bene della natura del Card. di Sans &c.

Mi ſarà caro, & ſarà gran ſervizio di Dio, & di queſta Dioceſi, che il P. Generale de' Geſuiti lievi di quì quanto prima quel Padre, come vi ha promeſſo, al quale potrete dire, che i Superiori delle altre Religioni, ſenza che io glie ne dica niente, ſi sforzano di mettere in queſta Città i migliori ſoggetti, & più zelanti della riforma, che abbiano, & che poſſano immaginarſi eſſere per queſto a mia maggior ſoddisfazione; il che principalmente i Padri Geſuiti debbono fare per tanti riſpetti, & almeno quando ſono avviſati, o ſcuoprono, per altra via di qualcuno, che ſia altrimenti, provedervi preſto, poſti giù i rispetti umani, perche dalle longhezze, che v' interpongono, oltre il danno, che ne risulta a questa Chiesa, ne possono nascere travagli alla Compagnia, come è ora avvenuto per il Padre Mazzarino: (*) il quale intendo, che ultimamente a istanza di certa Gentildonna Milanese aveva stabilito, che predicasse qui tutto quest' anno, & pure egli sapeva la forma stravagante del suo procedere in quest' officio, & in altro, & la poca soddisfazione, ch' egli mi dava.

Faro, &c.

[*] *Qui va inteso il P. Generale della Compagnia.*

Di Milano alli IX. Aprile MDLXXVIIII.
Al piacer vostro
Il Cardinal di S. Prassede.

Al di fuori con Sigillo
Al Molto Rev. Monsig.

C E S A R E S P E T I A N O.

Protonotario Appostolico.
Roma.

Registrata Tom. 16. p. 2. let. 77.

Molto

Molto Reverendo Signore.

CON l' Ordinario paſſato vi mandai il proceſſo fatto fino a queſt' ora contro il Padre Giuglio Mazzarino inſieme con certa informazione del Fiſco, per quel, che pretende contro di lui. Ma ora mi occorre dirvi in riſpoſta di quel, che mi ſcrivete colla voſtra de' 8. del corrente, ch' egli non moſtra nelle ſue difenſioni differente ſpirito da quello, che ſi può comprendere dal ſuo proceſſo, che io vi ho mandato ; poichè ha fatto ultimamente una proteſta, allegando per ſoſpetto queſto Tribunale, nella quale vedrete, che tuttavia ſi ſcuopre avverſo dalle Conſtituzioni eccleſiaſtiche mie, perchè allega per cauſa di ſoſpizione l' affezione, che ho alli miei decreti, & Conſtituzioni. Io ho dato ordine, che queſta proteſta ſia rejetta, ma però ſto ancora in quel propoſito, che io vi ho già ſcritto, che queſta

G

caufa fi rifolva cofti da N. S. & da
quei Signori della Congregazione, fi
quali o facciano loro con quefto Padre quello, che gli parerà giufto, o
diano ordine a noi di quello, che
dobbiamo fare. Ma perche voi mi
fcrivete, che il Sig. Card. di Gambara vi ha detto, che fe il Padre reftaffe giuftificato nelle cofe pertinenti
alla Fede, l' Inquifizione non gli da-
rebbe punizione alcuna per gli altri
errori, che ha fatto nelle fue Prediche, dovete ricordare a N. S., &
alli Sig. Card. Savello, & Gambara,
& a quelli altri Signori dell' Inquifizione, fe pur farà bifogno, che quando bene quefto Padre con le ftraor-
dinarie diligenze, che fi fanno per
lui, & le migliaja de Teftimonj pub-
blici, che vada raccogliendo, & con
molte interpretazioni ftirate, che egli
dia a quelle fue parole, fi giuftificaffe
di non avere creduto ereticamente,
nondimeno la forma, con ch' egli ha
fcritto, & parlato della potefta del
Papa, fpecialmente nel Popolo, &
a quefti tempi, merita cosi gagliarda
correzione, & pubblica foddisfazione,

& è questo capo così connesso con le cose di Fede, oltre anco, che gli altri capi vi hanno qualche connessione, almeno per rispetto di essere un medesimo Processo, che quasi non potrebbono far ordinazione circa la giustificazione sua dalle suspicioni della Fede, che non vi congiongano la correzione degli scandali, & della temerità sua in parlare di quel modo, col quale ha dato ragionevol suspicione, & congiuntamente anco delle altre sue impertinenze comprese nel Processo, circa le quali io non mi son curato di far più che tanta diligenza in verificare molti particolari, stando i capi suddetti più importanti, & dai quali anco si può argomentare alla facilità di cadere in questi minori, massime, che vedevo in ciò difficoltà per esservi appassionato dentro il Marchese quì con tante prattiche, che i Laici quasi non ardirebbono pure esaminarsi. Ma in tutti i casi, che cotesti Illustrissimi Signori non volessero trattare, se non dei capi spettanti direttamente alla Fede, mi pare, che almeno, quando egli pure si giustifi-

caſſe, prima nelle ordinazioni, che
faceſſero ſopra di ciò, abbiano a far
menzione delle ſuſpicioni, che ha
date di ſe; perchè ſi vegga eſſerſi proceduto da noi in ciò juridicamente,
& non andaſſe eſſo, & i ſuoi aderenti
ſeminando, come ora fanno, che ſi
gli ſia fatto un gran torto a proceſ-
ſarlo per queſto conto: poi mi pare,
che devano con la ſua relazione per
la verità a N. S. procurare, che non
reſtino ſenza correzione, & pubblica
ſoddisfazione le altre ſue ſtravaganze,
& ſe ne faccia dimoſtrazione tale,
che ſi ripari nella diſciplina di queſto
Popolo, quel che ſi è rallentato, o
pregiudicato per le ſue prediche in
conformità di quello, che vi ho ſcritto per altre mie; ovvero ſi rimetta
per decreto della Congregazione, o
di N. S. a me queſta parte con fa-
coltà di eſeguirla io, o di commet-
terla, o rimetterla al Generale della
Compagnia, perchè anche a queſto io
inclinarei; così per riputazione di
quella Compagnia, la quale vi ſarebbe maggiore, quando la correzione
veniſſe da loro, come ancora perchè

io mi confido pure, che il Generale preporrebbe in quefto la fincerità, & pietà ad ogni altro rifpetto, & non potrebbe anco far di meno, quando gli foffe comandato precifamente (a) egli avrebbe commodità di cavar più pienamente l'intiero del procedere di quefto Padre in quefta parte; che febbene molti de' fuoi P. P. lo diffen-dono pertinacemente, nondimeno fo, che ve ne fono anco dei buoni, che domandati a dir la verità, non la ta-ceranno; però fuori delle cofe perti-nenti alla Fede, quando giudicaffe fpediente, il tenere quefta ftrada, & foffe con volontà di N. S. mi con-tento, che ne parliate in nome mio anche al Generale, & al Padre Bene-detto. Non voglio già lafciar di ri-cordarvi, che in tutti i cafi, fuori di una, o di due prediche, dove aveffe a dar foddisfazione delle colpe paffa-te, la quale anche dubito affai, che ftroppiarebbe, fia in confiderazione per principale foddisfazione il levar-gli la predica per un pezzo; & dove anco per mancamento di prove non fi faceffe più, fi lafci a me l'auto-

[a] Ne quan-do anche a-veffe da far prima qual-che cogni-ione.

G iij

rità, che ho come Vescovo, dal Concilio di Trento, di non lasciar predicare nella mia Diocesi quelli, che io non giudico bene, che vi predichino, & fare anco officio, che egli sia levato di quì quanto prima; anzi non saria se non bene, levarlo di quì con farlo venire a Roma, mentre si vede costì la sua causa; acciò quanto più presto sia possibile noi fossimo liberati da questo spirito così pernicioso, & atto, stando quì, a nuocere ogni di più per li rispetti, che potete immaginarvi, alla disciplina di questo Popolo. Quanto a quello, che voi mi scrivete intorno a questa Compagnia, son già molti anni, che io la vedo stare in pericolo grande, se non vi si pone efficace rimedio, di non scadere un giorno precipitosamente, perchè vi è fra loro quella differenza di quei, che hanno fatta la Professione, & di quelli, che non l'hanno fatta, la quale è atta al tempo a produrre fra loro qualche confusione d'importanza, massime, che mi pare di vedere, che i Superiori nel ricevere alla Professione, lasciano addietro fpeffo i migliori, & favorifcano ftraordinariamente quei Soggetti, che hanno qualche talento di lettere, febbene fenza pietà, o fpirito, come hanno fatto ultimamente con quefto Padre Giulio Mazzarino, con tutto i Superiori fuoi foffero meglio informati d'ogn'altro delle pocco buone qualità di quefto uomo, & proprio nel tempo, che meritava mortificazione, & correzione per le ftravaganze dell'anno paffato. Al che fi aggiugne, per quello che io vi ho conofciuto, che fono in quefta Congregazione dei cervelli molto ftravaganti, & quefti Padri fogliono condofcendere tanto ai Soggetti letterati, o che hanno qualche talento particolare, che li compiacciono in tutto quello, che vogliono, & fi guardi far cofa, che li poffa contriftare; onde pigliano poi tanto il piede, che non poffono punto governarli, & difporre di loro, come vedete nel Padre Pazza, il quale non bafta l'animo al P. Generale medefimo di levarlo di quà, & tanto meno credo, che lo farà ora, quanto io mi vado

immaginando, che il Provinciale prefente fia per opporfi gagliardamente,
acciò quefto Padre non parta : perchè febbene nel refto io ho fempre
avuto buona opinione di lui, egli ha
prefo quefta cofa del Padre Mazzarino con fenfo così ftrano, che io
non poffo più cavar di lui conftrutto,
& ultimamente avendolo io mandato a chiamare per alcune altre materie, & medefimamente l'Arciprete mio, egli ha rifpofto liberamente, anco per polizza, all'Arciprete,
che mentre dura quefta controverfia
fra me, & la Compagnia, non poteva, o non voleva venire da me,
come io aveffi controverfia con la
Compagnia, la quale io cercherò d'
ajutare, & di onorare fempre, ficcome ho fatto per l'addietro, febbene in quefto cafo del Mazzarino
io non ho potuto lafciar di fare l'
officio mio, per non vedermi diffol-
vere affatto quefto Popolo, & molto
più per le fufpicioni toccanti alla Fede, & forfi egli ha più caufa di tutti
gl'altri in quefto travaglio della Congregazione ; perché quando io non

aveva fofpetto di Fede , ma folo le
altre informazioni , mi diffe , che
non poteva rimediare quanto al proi-
bire la Predica , & che bifognava
fcriver a Roma , onde io viddi , che
in quel mezzo egli avrebbe predica-
to tutta la Quadragefima con tanto
danno ; anzi avendogli io detto , che
lo avvifaffe , che fe non fi rimaneva
da quelle fue ftravaganze , io gli ave-
rei interdetta la predica , mi rifpofe ,
che gliene averebbe ben toccato qualche parola , ma che non voleva dirgli
ogni cofa , perchè dubitava di non
conturbarlo in modo , che egli aveffe
poi detto in Pulpito qualche cofa ,
come appunto avvenne di quel poco ,
che gli diffe ; perchè il giorno feguente proruppe fubito in Pulpito ad
altre eforbitanze in quefto propofito ;
però doletevi col Generale di quefto
procedere , che il Provinciale tiene ,
e trattate anco di quefte materie col
Padre Palmio , il quale ha buon fenfo , & è zelante della confervazione
di quefta Compagnia ; al quale direte ancora , che io avrei ben defi-
derato , come egli ricorda , di dat

G v

prima, che io andaſſi più oltre, av-
viſo a Roma del procedere del P.
Mazzarino ; acciocchè i ſuoi Padri
medeſimi vi provedeſſero ; ma come
ho detto, ſe ſi differiva, ſinchè foſſe
venuta la proviſione di coſtì ; ſarebbe
paſſata la Quadrageſima, e dove era
anco materia di Fede, non ſi poteva
andar diſſimulando. Quando poi alla
poca ſoddisfazione, e ſuſpicione, che
queſti Padri per conto mio hanno del
P. Adorno, io me ne ſono accorto in
queſta occaſione del Padre Giulio,
avendo detto lui, & alcuno dei ſuoi
Fautori, che io gli avevo impedito
la predica, & fatti queſti proceſſi per
officj fatti meco dal P. Adorno, che
predicava in Duomo, e ſi vedeva
aver minor concorſo di popolo, che
quell' altro ; il che è lontaniſſimo
dalla verità, & alieno affatto dalla
bontà di queſto Padre, il quale, quando ſeppe della eſecuzione, che io
aveva fatto intorno a quel Padre Mazzarino, era quaſi fuori di sè dal
dolore, & venne a pregarmi con
grandiſſima inſtanza, che per onore
della Compagnia io non voleſſi procedere più oltre per queſta via ſeco.

Però mi par , che diciate al Padre
Generale , che ſi fa troppo gran torto
alla bontà di quel Padre , compor-
tando , che fra queſti Padri ſi parli
di coſa tanto abſurda , e Dio voleſſe
per bene della Compagnia , che aveſ-
fero molti ſoggetti di tanta pietà , &
ſincerità di animo , & di così buon
ſenſo in tutte le coſe , perchè la Compagnia ſtarebbe molto meglio. Avete
ben ragione a dire , che ſapendo io ,
quanto queſto Padre ſgovernaſſe nelle
prediche dell' anno paſſato in Duomo , io non lo dovevo laſciar predicare queſt' anno , quando è venuto
per la Benedizione : ma egli non è
venuto per la benedizione altrimenti , nè mi ha domandato licenza, perchè per la molta autorità , che hanno
uſato d' aver meco queſti Padri , gli
pareva , che non foſſe neceſſaria altra
Benedizione , nè licenza , avendo-
gliela io da ta la Quareſima paſſata
di predicare in Duomo ; & io ho ſa-
puto , che egli predicava , & non ho
contradetto , ma anco eſſo era andato tant' oltre , che io non poteva ſop-
portarlo più ſenza troppo gran dan-

no di questo Popolo. Dovete di poi avvertire, che non gli ho ancora interdetto assolutamente la predica; ma solo gli ho dato la casa per carcere, esclusa la Chiesa, al che ne va in conseguenza necessaria la proibizione della predica: onde nel progresso della sua causa, se si allargasse di poter andar in Chiesa, è d' avvertire, che si provegga, che di fatto non cominciasse a predicare, & io forsi non potessi impedirlo, per la pendenza della causa a Roma. Andate poi informando in questa materia tutti quelli Signori Cardinali della Inquisizione, che vedrete essere bisogno, & particolarmente li Signori Cardinali Savello, & Gambara, con li quali ne avete già trattato, & vi mando qui allegata una lettera per Gambara in credenza vostra. Conche vi prego da Dio N. S. la sua santa grazia.

Di Milano alli XVI. di Aprile MDLXXIX.

Al piacer vostro

Il Cardinal di S. Prassede.

Al di fuori con suo Sigillo

Al Molto Rev. Sig. Monsig.

CESARE SPETIANO

Protonotario Apostolico

Roma.

Registrata nel tom. 16. p. 2. n. 83.

Molto Reverendo Signore.

TENGO due voſtre lettere deglí 11. del corrente ; in riſpoſta delle quali vi dico , che quanto al Padre Mazzarino , io non ho per ora da replicarvi altro , ma ſtarò aſpettando d' intendere quello , che me ne direte , dopo che ſarà veduto di là il ſuo proceſſo , che io vi ho già mandato. Non laſcierò già di dirvi queſto, che ſe ſi conſidererà la Bolla eſtravagante , *Unam ſanctam* inſerita nel corpo de Canoni , non vedo , com' egli poſſa difenderſi nelle propoſizioni in materia della Poteſtà di N. S. , & dove ceſſaſſe ogn' altra coſa , parlare per via negativa ex profeſſo di quella materia , non è conforme al biſogno di queſti tempi , nè alla Dottrina del Concilio di Trento.

Dopo molti paragrafi altro ne ſegue in fine circa al Padre Mazzarino.

Mi ero ſcordato di dirvi , che io

non sò, come cotesti Padri del Gesù
poſſano dire, che io voglio quà in
queſto loro Colleggio gli uomini a
modo mio : perchè dopo l' iſtanza,
che io gli feci a Roma, che metteſſero quà Soggetti qualificati, non gli
ho mai data moleſtia in queſta materia ; contuttochè, ſe ben mi ricordo, eſſi per le Bolle ſiano obbligati
a mettervi Perſone a mia ſoddisfazione ; nè manco gli ho mai recer-
cati levare di quà altri Soggetti, che
quello, di che vi ho ſcritto, & qualche volta, quando vi è ſtato qualche
Maeſtro debole ; che io ho ricercato
ai ſuoi Superiori medeſimi a mettervi
perſona più atta. N. S. Iddio ſia con
Voi ſempre.

Di Milano li XXIII. d' Aprile MDLXXVIIII.

Al piacer voſtro
Il Cardinal di S. Praſſede.

Al di fuori con Sigillo
Al Molto Rev. Monſig.
CESARE SPETIANO
Protonotario Apoſtolico.
Roma.

Regiſtrata nel tom. 16. p. 2. let. 88.

Molto Reverendo Signore.

RISPONDO a due voſtre dei 18. del corrente, & quanto al P. Mazzarino, io ancora credo, che ſe egli ſi foſſe meſſo in prigione, non avrebbero fatto tanto rumore le Genti in favorirlo; ma perchè dalle ſue eſamine, & lamente ſi cava quaſi tutto quello, che può riſultare in queſta materia, non mi pareva, che queſta incarcerazione foſſe neceſſaria, atteſo maſſime il riſpetto, che ho anche avuto alla Compagnia: ſapendo pure, che a Roma vanno in queſte cauſe anco con gran riſpetto verſo le Congregazioni Regolari. Non sò già come abbiano potuto ſcrivere coſtì, che il Padre inquiſitore ſia venuto a dirmi, che gli ſi faceva torto; è ben vero, che hanno fatto officio ſeco, perchè ſi liberaſſe dalla Carcere affigratagli nel Monaſtero, per poter dir Meſſa, & andare in Chieſa; & egli me ne parlò ad iſtanza loro, come

egli di natura molto facile a condif-
cendere , & compiacere , tuttavia
quando fi veniva ful faldo , egli mi
diceva anco , che non gli pareva, che
fi dovessero compiacere in quello, che
dimandavano , febbene egli mi rife-
riva ciò , che avevano detto. Il Provinciale ha finalmente rotto meco il
filenzio , essendomi venuto a parlare
tre giorni fono , per ordine , ficcome
io credo , di codefti Padri di Roma ,
quale non nega, che io gli aveva fi-
gnificato più volte il difgufto , che
tenevo di quefto Padre , ma fuori di
fufpicione di Fede , il che è vero,
non essendofi da me avuto tal fofpetto , fe non in queft' ultimo , nè mi ha
ancora faputo negare , di non aver
intefo dal Padre Adorno , che io
avevo detto di reftare fcandalezzato
perchè avevano ammeffo ultimamente il Padre Giuglio alla Profeffione.
Quanto alle vifite , che quel Padre
ha tenuto pubblicamente , perfeve-
rano ancora, come prima , nè io glie
le ho voluto impedire , perchè è già
finito il fuo proceffo offenfivo : ma
ne ho ben parlato col Provinciale

quando egli venne da me l'altro giorno, il quale non vedo però, che fia
per rimediarvi, & quel, che è peggio, mi pare di averlo fcoperto in
quefto negozio d'una natura molto
dura, & quefte ftravaganze, che ha
fatte quì il Padre Giulio, egli le re-
pùta per cofe di pochiffimo momento, & prefuppone, che quanto alle
cofe della Fede, fia materia indubi-
tabile : & il compimento, che ora ha
fatto meco, è ftato dolerfi, che io
gli abbia fatto torto, & maltrattata
la Compagnia (a) Quella gentildonna, [a] Loro;
alla quale, vi fcriffi, che il Padre Generale aveva conceffo, che per tutto
quefto anno predicaffe quì il P. Giulio, era, come vi ha detto il P. Palmio, la Conteffa Didamia ; quanto a
quèl, che mi dite, che venendo io
coftì potrei apportare qualche utile
alla riforma di quefta Compagnia,
io credo, che non potrei effere in
ciò di giovamento alcuno, poichè mi
tengono per fofpetto in quefta caufa
del P. Giulio ; & così direbbero molto più, quando io meteffi mano alle cofe, che gli premono tanto ; pe-

rò bifognarebbe , che vi metteſſero altri la mano.

Quanto al nominare a N. S. Monſig. Illuſtriſs. di S. Severino intorno al noſtro Concilio Provinciale , &c.

Di Milano li XXIX. Aprile MDLXXVIIII.

Al piacer voſtro

Il Card. di S. Praſſede

Al di fuori con Sigillo

Al Molto Rev. Monſig.

CESARE SPETIANO.

Protonotario Apoſtolico
Roma

Regiſtrata nel tom. 16. p. 2. lett. 92.

Paragrafo di lettera di Monfignor Spetiano fcritta a S. Carlo li 12. Maggio 1579 , e trovafi nel tom. 16. p. 2. n. 45.

A me increfce fino al cuore a vedere le perdite grandi , che hanno fatto quefti Padri di riputazione per la difefa , che hanno voluto fare, & maffime con aver allegata lei per fofpetta , & tollerar tanto tempo , che uno di effi loro parlaffe così imprudentiffimamente , & con tanta audacia di lei , & in quefto propofito mi diffe il Sig. Card. di Gambara , che io doveffi fcrivere a V. S. Illuftrifs. a volerfi ricordare della repugnanza, che moftrò fempre quel Santo Vecchio di Pio V. di benedetta memoria in voler conceder Breve a detti Padri, che forfe lo Spirito Santo gli moftrava alcune cofe , che non voleva dire , circa alla riufcita, che effi erano per fare ; poi m' ha detto , che l' avvifi, che fu errore a dar la Copia del proceffo a detto Padre.

Umilifs. & Devorifs. Servo
Cefare Spetiano.

Molto Reverendo Signore.

DEL P. Mazzarino già in più volte vi ho scritto quello, che mi occorreva; però potrete ora dalle mie lettere raccogliere quelle cose, che bisogneranno per informare cotesti Signori Illustriss. Hora mi occorre dire di più, che questi Padri del Gesù, cioè il Provinciale, innanzi che fosse fuora il suo processo, hanno mandato per le Città circonvicine, & altre parti una informazione di questa causa, perchè ne dessero conto ai Prelati, & altre Persone di qualità assai stravagante per quello, che intendo; però potrete dirlo a quei Signori, acciò se n' abbia considerazione nel rimedio, che daranno ai suoi scandali. Quanto al Seminario, &c.

Di Milano alli IV. Giugno MDLXXVIIII.

Registrata nel tom. 16. p. 2. n. 19.

Molto Reverendo Signore.

RIspondo con questa mia alla voſtra dei 30. del paſſato , con la quale ſi è ricevuto lo ſpaccio per Monſig. di Vercelli, & quanto al Padre Mazzarino vi mando quì allegata la copia dell' informazione , di cui vi ſcriſſi l'altro Ordinario , mandata fuori dal Provinciale, della quale vi potrete ſervire , come giudicherete , che ſia eſpediente, ſenza nominare d'onde ſi ſia avuta , ſeben ve lo ſcriſſi alli dì paſſati, &c.

Di Milano alli XI. Giugno MDLXXVIIIII.

Al piacer Voſtro
Il Cardinal di S. Praſſede.

Regiſtrata nel tom. 16. p. 2. let. 25.

Ill. e Molto Rev. Signore.

Dopo alcuni Paragrafi si legge.

QUANTO al P. Mazzarino mi occorre dirvi in risposta di quello, mi scrivete in questa materia, che in quella Compagnia, sebbene vi sono dei Padri molto appassionati, ve ne sono anco di quelli, che hanno buon senso, & lo giudicano in tutti i casi degno di castigo; anzi dicono, che ogni grave dimostrazione, che si faccia di questo Padre sarà di grande ajuto, & giovamento non solo a lui medesimo, perchè reprimesse quella superbia, & alterezza, che mostra; ma anco a tutta la Compagnia, massime ai giovani, che attendono ai studj. Ora io spero, che Dio non permetterà, che gli officj (a) che si fanno per lui, ancorchè efficaci, abbiano tanta forza che la giustizia non abbia il luogo suo conforme a quello, che sia onore di

[a] *Sinistri.*

Dio. Ma in qualunque modo riefca
quefta caufa a me baftera di aver fo-
disfatto all' officio mio , con aver
raprefentato cofti la verità del fatto.
Il P. Palmio , voglio credere anch'
io , che venendo quà farebbe di
qualche giovamento in quello , che
mi fcrivete , ma quefto può ben fta-
re col refto , che io vi fcriffi fenfe fuo ,
&c.

Di Defio alli XVI **Luglio** MDLXXVIIII.

Al piacer voftro

Il Cardinal di S. **Praffede.**

Al di fuori con Sigillo

All' Ill. e Molto Rev. Monfig.

C E S A R E   S P E T I A N O

Protonotario Apoftolico.

Roma.

Regiftrata Tom. 16. p. 1. let. 1.

Paragrafo di lettera cavato sotto il n. 39.

Vi ho poi mandato copia di quella infotmazione mandata fuori intorno al P. Mazzarino , & non è dubbio, che sapevano molto bene quei Padri, che egli era sospetto di Fede perchè sempre si è esaminato alla presenza del P. Inquisitore , & si può anco comprendere, che lo sapevano dall' informazione istessa fatta , & data fuori. Vi mandarò , &c.

Di Milano XXV. Luglio MDLXXVIIII.

III.

Ill. , e Molto Rev. Signore.

Dopo lunghi Paragrafi in diverse materie.

NEL particolare del P. Mazzarino , quando la Causa starà nei termini della Giustizia , che egli sia dichiarato secondo , che si troverà colpevole , o innocente ; a me conviene tacere , bastandomi di avere rappresentato costì la verità della cosa ; ma quando si tenti di storcere la giustizia , & coprire la verità con altri rispetti , come quello , che hanno detto , che scorgendosi il Mazzarino reo , non si dia qualche nota alla Compagnia , & con scemarle la riputazione , s'impedisca insieme il frutto , che ella fa in molte parti , mi pare , che io non debba lasciare di ricordare a N. S. , che deve avere in considerazione molto più la causa istessa , *che è di Fede ,* & di tanta importanza , & i rispetti più gravi , & più importanti , che vi

H

concorrono, per i quali si deve chiarire al Mondo la verità di questa causa, non dovendosi anco temere quel, che dicono, che soprendosi la qualità di questo uomo abbia la Compagnia da perdere punto di riputazione, perchè anco nelli dodeci Apostoli vi fu un Giuda, & in ogni stato di Persone vi sogliono essere de' tristi; onde non si biasimarebbe anco questa Compagnia, se in tanto gran numero d'uomini, ve ne sia uno contrario alla bontà degli altri; anzi si edificarebbono vedendo, che non siano meno castigati i tristi, se alcuno se ne scuopre, che fatto stima dei buoni: & ogni umiliazione, che si desse a questo Padre, giovarebbe, come vi scrissi la settimana passata, che sentivano i buoni fra i Gesuiti istessi, & dei migliori forse, che siano fra loro, non solo a lui medesimo, perchè reprimesse quell'audacia, che ha mostrata sin ora, ma a tuta la Compagnia, & a quelli principalmente, che sono dati alli studj più segnalati in ingegno, & lettere, perchè con questo esempio fossero più considerati, & non accecati d'all'alte-

rezza, & superbia, che piglia tall'
ora l'uomo de' talenti suoi proprij,
onde si precipitino, come spesso suole
avvenire, in errori gravi, & se ve-
dessero, che per rispetto della Compagnia si fosse lasciato di chiarire le
cose, questa sarrebbe appunto via
di far nascere maggior spirito di superbia in qualc' uno di questi Padri,
& fargli pigliare troppo ardire in di-
saiutare i Vescovi con tanto maggior
danno, quanto è il molto credito,
in che è questa Compagnia; oltre
poi a quello, che tocca alla Compagnia stessa, ogn' uno può facilmente
conoscere, che non v' è altro mezzo per estirpare la zizania, che egli
ha seminata, & ristorare il grave
danno fatto da lui in questo Popolo
con le sue proposizioni, & col suo
scandaloso modo di predicare, che
con scoprire manifestamente al Mondo, quanto mala sij stata la sua Dottrina; siccome quando restasse la cosa
coperta, o posta in silentio, o passata leggermente, sarebbe di gra-
vissimo danno non solo in questa Città,
ma in tutte le altre parti, dove

H ij

questa cosa è arrivata ; poichè si da-
rebbe ad intendere agl' uomini, che
le Dottrine sue fossero approvate , e
per dir così , verrebbono canonizate
costì , nè tutti saprebbono le cavillose
interpretazioni , secondo le quali forsi
si fossero giustificate , o difese stiran-
dole : anzi i suoi Fautori , quando si
passasse la cosa con dimostrazione leggera , cercarebbono di persuadere ,
che questa dimostrazione si fosse fatta
piùttosto per cattivi officj fatti contro di lui , che per alcuna colpa sua ,

[a] Essendo nè è tale la sua causa , che *(a)* debba
co. ammettere qualche dimostrazione
leggera , o segreta , perchè le cose
dette da lui sono così pubbliche ,
così sparse per tutta questa Città : *(b)*

[b] Et al- con scandalo così universale , che non
tre. si può se non con publica satisfattione
rimediare al danno , che n' è risultato
in questo Popolo , & altrove.

Avanti al primo poscritto trovasi la data così li xxx.
Luglio MDLXXVIIII. di Desio.
Al piacer vostro
Il Cardinal di S. Prassede.
Al di fuori con Sigillo
Al Molto Rev. Monsig.
CESARE SPETIANO
Protonotario Apostolico Roma.
Registrata nel tom. 16. p. 1. num. 13.

A Monsig. Spetiano.

VEDRETE poi l'alligate copie, quanto ſcrive a me, & al mio Vicario il Sig. Card. Savello a nome di N. S. intorno al non far publicare la ſentenza del Padre Mazzarino, & quello, che io gli riſpondo. Del tutto deſidero, che diate conto a S. Santità, la quale già mi diſſe anco, che voleva, che queſta ſentenza foſſe fatta in volgare, perchè foſſe inteſa, quando ſi publicaſſe da tutto il Popolo, & ſebene io non faccio molto caſo, che ſi publichi, poichè ſi sà l'eſito, che ha avuto queſta cauſa, nondimeno gli direte, che mi pare inconveniente, che ſi porti più riſpetto alla Perſona di queſto Padre, o ad altri, che ai molti danni, ch'egli ha fatti con le ſue prediche ſulla mia Dioceſi; & perchè ſua Santità potrebbe allegare il riſpetto del frutto, che fanno queſti Padri, potrete ſoggiungergli, che io non cedo a neſ-

H iij

suno, che in queste parti abbia miglior senso di me verso quella Compagnia, ma che per aver io più intima cognizione (a) credo, che non se le potrebbe far il maggior bene, che umigliar fra loro quei, che ne hanno bisogno, & che appresso i Forastieri non parerebbe cosa strana, che in una Compagnia così numerosa ve ne sia uno, che non corrisponde alla bontà degl' altri; oltradichè nella mia Diocesi ne seguirebbe però qualche rimedio ai danni, che egli ha fatto con le sue prediche. Et in questo particolare vi cadono anche due altri inconvenienti; l' uno, che questa lettera mi è stata presentata da un Gentiluomo a nome del Governatore, che pur disdice molto, ch' egli s' abbia ad intromettere in simili cose del S. Officio, l' altro, che la lettera si sia data alla parte, che è quello, che ho ricordato anco in altra occasione, perchè si potrebbero mandar le lettere senz' altro, che in ogni modo seguirebbe il medesimo effetto, e si conserverebbe più l' autorità dei Vescovi.

[a] *Delle cose loro.*

Questa lettera, o Paragrafo di lettera non ha sottoscrizione di San Carlo, non ha Sigillo. Forse il Segretario avrà avuto a ricopiarla. Trovasi bensì regiftrata fotto il n. 66. nel tom. 17. p. 1.

Due Paragrafi di lettera scritta a San Carlo Card. da Monsig. Spetiano da Roma, quale trovasi nel tom. 17. p. 3. num. 209. del tenore, che segue.

DUE cose mi occorre di ricordare a V. S. Ill. a parte con questo mezzo foglio; la prima mettergli in considerazione, che faria bene ordinare, che a Milano fi facessero orazioni publiche per ringraziar il Signore della fanità reftituita al Rè, che è ftato tanto male, & per pregarlo, acciò dia la fanità alla Regina, che fta gravemente ammalata, & quafi difperata.

L'altra è, che defiderarei, che

V. S. Illuftrifs. applicaffe l' animo a queſta nuova eletione , fi ha da fare del Generale dei Geſuiti , che importa tanto , quanto ella medeſima fa , che cada in Perſona delle qualità , che biſognano ; & ſopra al tutto, che in queſta Congregazione generale ſi provegga agl' abuſi , che ſono nella Compagnia , ſono molti , come alcuni di loro lo ſanno molto bene , & il deplorano ; altrimenti è pericolo , che ſe hora ſi diſſimulano , che le coſe andaranno di mal in peggio , & a tempi noſtri vedremo verificata la ſententia della ſancta memoria di Pio V.

Rimando , &c.

Di Roma li XII. Novembre (e ſe non prendo errore) 158c.

Trovaſi regiſtrata nel Tom. 17. p. 3. let. 209.

S. Carlo ſcrive a Roma alli 26. Gennaro 1581. affine , ſi dj un' elemoſina alli Padri Geſuiti , come ſi legge nella lett. 24. del Tom. 18. p. 3.

Farete pagare ai Padri della Compagnia del Gesù 25. Scudi , che io gli dono per elemoſina in occaſione delle ſpeſe , che havranno per la loro Congregatione.

*Paragrafo di lettera di Monfig.
Spetiano concernente all' elezione del Generale, dei Gefuiti ;
del tenore feguente.*

FU poi fatto il Padre Aquaviva
General de' Gefuiti con mera-
viglio d'ogni buono , anzi V. S. Illuftrifs. dovrà intendere dal P. Adorno. Poichè è fatto , fi dovemo con-
formare alla volontà del Signore , &
io ho detto ad alcuno di quefti Padri più principali , che tutti devono
attendere ad aiutarlo più che fi può.
Io l' ho veduto , & parlatogli , & mi
è riufcito molto umile , & mi ha
detto, che voleva fcrivere a V. S Illuftrifs. il che fi efeguirà. M' occorre
di ricordare , che nella rifpofta farà
forfi bene toccare una parola di quel
digufto dato dal Generale paffato ,
& fuo Vicario con moftrar poco con-
fidenza nell' amor di V. S. Illuftrifs. ,
che ha fempre portato alla Compagnia , & pregarlo a voler egli pro-

H v

cedere feco altrimenti , & anco con
me , di quello , che hanno fatto li
doi fodetti , con li quali certo fi pro-
cedeva fempre con ogni carità , &
fincerità , febben forfi più per colpa
della natura , pigliavano ogni cofa in
mala parte , & m'avevano quafi per
uomo , che gli foffe contrariffimo.

Di Roma li XXIII. Feb. MDLXXXI.

Trovafi regiftrato nel Tom. 18. p. 3. let. 100.

JHS.

Illuftriſs. & Rev. Sig. mio in Chriſto Col.

NOn ho potuto fcrivere a V. S.
Illuftrifs. le fettimane paffate,
perchè eravamo occupati nell' elezione del nuovo Generale, che fuc-
ceffe nella Domenica paffata nella
Perfona del P. Claudio Aquaviva. Il
Signor Iddio gli dij quello fpirito , &
prudentia, che a reggere quefta Compagnia gli è neceffario. Dolmi fino

al cuore, che le cofe non fiano paffate con quella fimplicità, & purità, che a buoni Religiofi conveniva, & le noftre Coftituzioni così ftrettamente ci raccomandano. Queft' altra fettimana fi procederà all' elezione de nuovi Affiftenti, li quali, fe faranno tali, come alcuni vanno tramando, è da temere di qualche gran botta alle cofe noftre. Il Signore ci metta la fua mano. Io defidero quanto prima tornarmene, & occuparmi in fervitio dell' anime, & in aiuto di codefto Clero, & molto più contento farei ftato non effermi partito. Ebbi udienza da N. S. innanzi l' eletione, & io, che mi perfuadevo che, fi caminaffe con quella rettitudine d' intenzione, che ogn' uno è obbligato avere, certificai N. S., che l' elezione faria ftata quale S. Santità defiderava per il bene noftro, & che però ci lafciaffe procedere conforme alle noftre Conftituzioni liberamente. Ma è reftato N. S. maliffimo fatisfatto di uoi, & ha moftrato, quando col nuovo Generale l' anndaffimo a bacciar il piede: credo, che metterà la ma-

no nell' eletione degl' Affiftenti, &
fe non lo fa, riufciranno fuggetti molto poco a propofito; da dove fia proceduto quefto difordine nella eletione, non mi bafta l' animo per hora
fcriverlo, ma fe al Signor piacerà, a
bocca lo dirò un giorno a V. S. Illuftrifs., & quefto bafti delle cofe noftre. Parlai a N. S. dello ftato di V. S.
Illuftrifs., & fpecialmente mi sforzai
di moftrargli, che il Clero tanto aju-
tato, &c.

Da Roma li XXV. Feb. MDLXXI.

Di V. S. Illuftrifs.

Humilifs. Servo in Jefu Chrifto,
Francefco Adorno.

Al di fuori

All' Illuftrifs. e Rev. Sig. mio Col.

IL CARDINAL DI S. PRASSEDE.

Milano.

Regiftrata nel tom. 18. p. 3. let. 97.

*Paragrafo di lettera di Monfig.
Spetiano fcritta a S. Carlo agl'
11. Aprile 1581. cavato dalla
lett. 7. inferta nel Tom. 18. p. 2.*

COME avrò la lettera per il Generale de' Gefuiti , & le Scritture delle Principeffe Sorelle di V. S. Illuftrifs. , efeguirò quanto Lei mi comanda ; & intanto raccomando a lei , & alle fue Orazioni quefta Compagnia , che ne ha molto bifogno , & molti temono , che non vadi in declinazione per li mali femi , che vi fi veggono , con sbaffare quelli , che fi potriano aiutare. Io non ho informatione fufficiente per far fpedire l' affegnatione.

Lettera scritta di proprio pugno da un Arcivescovo al Card. S. Carlo circa un Gesuita scandaloso.

Illustriss. & Reverendiss. Sig. mio Col.

DI quanta virtù , bontà , & religione siano stati sempre dotati i Principi di questa Sereniss. Casa , è superfluo parlarne con V.S. Ill. A queste doti così rare , & per gratia del Signore proprie di questo sangue, il Sig. Duca ha aggiunto un grand' argomento di quella Dottrina , & studj, che ella nel suo passar per Pesaro avrà potuto comprendere , anzi dopo la passata di lei , & di Monsig. Paleotto parve , che S. A. cominciasse a metter ale ai suoi piedi speditissimi al corso spirituale , col darsi in tutto alli studj sacri , al frequentar Sacramenti , & Divini officj , & a conversatione di Persone pie , & timorate, senza defraudare però alle audientie , & alli altri carichi del go-

verno ; ma ha ben riftretto le hore
delle ricreationi , & delli efercizj mi-
litari , onde non paffa un momento
di tempo , che non fia efemplarmen-
te difpenfato. Ma dura conditione è
quella dei Principi con tante difficoltà , che ordinariamente accompagna-
no lo ftato loro , & in particolar
quella di poter intendere verità , fpo-
glia d' intereffi , & difcernere i veri
dai falfi amici , & fervitori con tante larve , & transfigurazioni , che
s'ufano nelle Corti , & la più peri-
colofa è , quando avendovi a tende-
re infidie ad un Principe buono , &
pio , fi prendono i veftimenti di quel
colore , & livrea. Vedutafi adunque
quefta gran difpofitione del Sig. Duca alla vita , & perfetione Chriftia-
na , eccoti comparire alla Corte un
Padre Gefuita , & con l' introdutio-
ne di coloro , che havevano concertato quefta venuta , prefto s' acqui-
ftò intrinfechezza , & autorità grande con S. A. ; fermatofi in Pefaro al-
cunigiorni, fi partì : venuta la Corte a
Urbino , come fuol ogn' anno per li
caldi , il medefimo Padre è tornato ,

& di poi si sono vedute grandissime
alterationi , & nella Corte, & nello
Stato, & segnalatamente in Pesaro,
& quì, & la partita di Madama istessa si crede , che derivi da questo
principio. Tra il mio Capitolo , &
me è stata certa differenza sopra la
collatione de' Canonicati. Questo Padre si è stato assai con quei Canonici
più disposto a seditione , & pare,
che vadi mendicando d' intendersi
con ogn' altro , che habbi ricevuto
qualche mortificatione da questo Tribunale, o che per qualsivoglia causa
mi si mostri poco amorevole, & non
è già perchè io non sia affetionatissi-
mo alla Compagnia, & che con lui
io non habbi trattato con ogni ho-
nesto rispetto. Ha di più havuto ardire d' ingerirsi in Confessioni, & vi-
site di Monasterj di Monache senza
licentia, & quel che è peggio, ad is-
tantia, & sugestione di certi mali spiriti, che si volevano servire del mezzo
suo a malignissimo fine, & in due prediche, che ha fatto quì, ha dato non
mediocre scandalo, mostrando maggior passione, & arrogantia, che Dot-

trina, o fpirito. E' fpefato, & fervi-
to dalla Corte con ogni lautezza, &
delicatura procurata con impatientia,
& fi compiace fuor di modo d' effer
corteggiato, & tenuto per huomo,
che poffa ogni cofa col Principe. Hieri
venne a me con tanta infolentia, &
fprezzatura, che io rimafi attonito,
& perchè io l' avvertj in buon propofito, & con ogni modeftia fopra
la cofa delle Suore, mi fi voltò come
un Drago, con dire, che haveva chia-
rito altre barbe, che la mia, accen-
nando di havere tale ingreffo con
N. S., che potrebbe infegnarmi di
vivere. Io mi ricordai di quello,
che accadette ad un Galanthuomo,
& favio, il quale in un mal' incontro
fimile non rifpofe mai parola, nè fece
altro muovimento, fenonche baisò
gli occhi per guardare ai piedi del
Tentatore, che l' haveva dinanzi, &
fece più volte con molta attentione
quefto atto alla muta fempre; colui
confufo partì, & domandato poi il Sa-
vio di quel mifteriofo filentio, &
guardo, diffe, che credette per certiffimo dal gefto, & dalle parole,
con che fù affalito, che quella figura

pure in habito di Religioſo foſſe un Diavolo, & che per queſto lo teneva guardato ai piedi, potendo quelle parti darne inditio con le unghie di rapina, come ſi dipinge il Tentatore per noſtra eruditione; a me venne fatto il medeſimo quanto al guardargli i piedi; nel ſilentio non fui tanto continente, non proruppi però in parola, che non haveſſi potuto dire con V. S. Illuſtriſſ.

Ho il mio Seminario in buon termine fondato con grandiſſimi ſtenti, ancora la fabrica non è ſtabilita in modo, che vi ſi poſſano chiudere i Figliuoli. Queſto Padre ha tramato con certi Cittadini, che ſi faccia inſtanza a nome della Città con S. A., che ſi intrometta a far opra, che in luogo del Seminario, entri un Collegio de' ſuoi Padri, coſa, che è maliſſimo ſentita univerſalmente, & da quelli iſteſſi, che hanno fatto a complacentia del Padre queſta richieſta, & prendono da queſti ſuoi andamenti mala caparra del frutto, che ſe ne poteſſe aſpettare. Queſto Padre ſi chiama Giulio Mazzarino Siciliano, conoſciuto facilmente da V. S. Illuſt. ſe

è vero, che in Milano abbi fatte certe
altre scappate. Ho voluto darglile
confidentemente questo raguaglio sup-
plicandola in servigio di Dio, & di
questo ottimo Principe, che l' ama,
& riverisce tanto, che si degni pen-
sare a quello, che mi convenisse di fare, trovandomi spettatore di cose tali,
& potendosi dubitare di peggio, & non
si è lasciato di far quanto è stato possibile
mettermi in diffidenza di S. A. per avere
il campo tanto più largo, & i primi della Corte sono in strettissima lega col
Padre, li altri l' odiano, & tremano;
causa questo disordine, che io non
posso hora absentarmi di qua, per
accettare il cortese invito di V. S. Illust., & creda pure, che io non ho de-
siderio maggiore, che a volere a guisa
di sitibondo correre a quelle divine
fontioni; con che le bacio humilissima-
mente le mani, pregandole ogni felicità

Di Urbino li XXV. Agosto MDLXXXIIII.
Di V. S. Illustriss. & Rever.
Humiliss & Devot. Servitore.
L'Arcivescovo d' Urbino.
Al di fuori con Sigillo
All' Ill'ust. e Rev Sig. mio Col. Monsig.
IL CARDINAL DI S. PRASSEDE
Milano
Questa lettera sta registrata nel tom. 21. p. 1. let. 173.

Nel 1584. 25. Agosto l' Arcivescovo d' Urbino era Antonio Giannotto
Padovano, il quale fu prima creato
Vescovo di Forlì nel 1563 30. Gennajo (ivi d'all' Ughello è chiamato
Antonius Jannotus de Montagnana Man-
tuanus Cubicularius Apostolicus) ; e
fatto poi Arcivescovo d' Urbino nel
MDLXXVIII. 11. Agosto. Fù Vicelegato in Avignone. Passò indi alla
Vicelegazione di Bologna, dove morì
nel 1597 e fù sepolto in S. Petronio.

Dall' Itaglia Sacra di Ferdinando
Ughello.

Notizie ritrovate in una carta fra
quelle dell' Originale di questo MS.

Lettera fatta scrivere dal Vescovo di No-
varra, poscia sottoscritta dal medesi-
mo, e diretta al Card. Borromeo Ar-
civescovo di Milano, quale trovasi in-
serta nel tom. 19. p. 3. sotto il n. 155.

Illustriss. & Rev. Sig. Pad. mio Coll.

DOMENICA passata fui a Vigevano
per la morte di quel Vescovo,
dove giunto, sebbene havrei havuto

bifogno di ftudiar la predica, che feci
la mattina feguente, nondimeno mi fù
neceftario di pormi fopra il letto, &
ftarvi di molte hore; ritornato a Novarra, mi è convenuto di far il medefimo, fentendomi quella laflitudi-
ne, che havevo anche prima, che mi
veniffe la febre andando a Bobio, il
che ho voluto fcrivere a V. S. Ill., acciò fi degni havermi compaffione, &
fcufarmi con fe fteffa, con Monfig. Spetiano, & con chi altri farà bifogno,
fe non così fubito mi metto in viaggio
per Genova; ma però diffegno d'in-
viarmici affai prefto, & come prima
mi fia lecito di farlo, & me ne fia data licenza da Medici.

Sono molti mefi, che io m'affatico
per tutte le vie d'avere un Peniten-
tiero per quefta Chiefa Cathedrale,
& un'altro, a cui dare la Prebenda
Theologale, nè fin hora ho baftato
trovarne alcun'idoneo per tal effetto:
per il che intendo, che V. S. Illuf-
triffima tiene a fuoi ferviggi un Padre,
del quale hora non mi fovviene il nome, che è ftato nella Compagnia del
Giesù, & che deve predicare a Tre-

viglio questa Quadragesima, il quale
farebbe molto a proposito o per l' uno,
o per l' altro de' sudetti luoghi. Ven-
go a supplicar V. S. Illust. con l' efficac-
tia, che io posso maggiore, resti ser-
vita di concedermi questo Padre, perche farà in un medesimo tempo gran
serviggio a questa Chiesa, che pur è
di V. S. Illust. non meno, che codesta
di Milano, & darà gran sodisfattione,
come penso alla Compagnia de' Gesuiti, quali non possono comportare, che
alcuno, che sij uscito dalla loro Compagnia abiti in quella Città, o sua
Diocesi, dove essi hanno Colleggio,
spetialmente, se quel tale è stato co-
nosciuto per Gesuita in quel luogo,
& lo l' ho havuto in pratica, quando
ero a Perugia, che se bene desiderava
grandemente di servirmi d' uno, che
era reuscito dalla Compagnia, & che
mi piaceva pur assai, nondimeno fui
sforzato a privarmene per acquietar la
Compagnia, che se ne duoleva, &
faceva rumore tutto il giorno, & anco per liberar quel buon Prete dagli
travagli, in che si trovava per tal conto ; ma non intendo però, che ciò mi
vaglia per V. S. Illust. che ben sò, che

ella con l' autorità ſua baſtarà a far
tacere ogn' uno in tal caſo, ma richie-
do a V. S. Illuſt. queſta grazia dalla
benignità ſua per ſerviggio , come
ho detto, di queſta mia Chieſa, & per
far a me queſto ſegnalato favore, che
n' ho neceſſità grande , & non poſſo
perſuadermi, che queſto Padre ſia per
far tanto frutto in alcuna altra parte ,
come farà quà in Novarra per la gran
careſtia , che vi è de pari ſuoi, & per
la diſpoſitione , che vedo in queſto
Popolo , & in queſto Clero ogni volta , che habbi miniſtro tale , che l' a-
juti , & ſebene queſto Padre ſarà quà
a' Novarra, V. S. Illuſt. ſe ne potrà
ſervire ſempre, che le piacerà, & io lo
riceverò per un de maggiori favori ,
che poteſſi havere dalla man ſua , &
Ella havrà merito di tutto il bene, che
ne ſeguirà alla giornata , che ſe non
m' inganno, ſarà ſegnalato, & grande ; con che le baccio humiliſſimamen-
te la mano, & me le raccommando in
grazia.

Di Novara alli XXII. di Feb. MDLXXXII.

Di V. S. Illuſt. e Reverendiſs.

Il Paragrafo, che fegue, fi vede fcritto dal Vefcovo di fuo proprio pugno.

Supplico V. S. Illuft. per le vifcere di Chrifto Signor Noftro, & per quel gran zelo, che ella tiene di giovare all' anime, che fi degni concedermi quefto Padre, & s' afficuri, che ne rifulterà gran ferviggio di Dio, & benefizio di qu'eft' anime; & io non potrei ricevere cofa, che mi fuffe più grata; onde afpettarò d' efferne confolato dalla gran bontà, & carità di V. S. Illuft.

Humifs. & Obblig. Servitore
Il Vefcovo di Novarra.

Nel 1582. 22. Febbrajo era Vefcovo di Novarra Francefco Boffi Milanefe, Figlio di Egidio Senatore. Fù Protonotario Apoft., e Referendario dell' una, e l' altra Segnatura, Vicelegato di Perruggia, dell' Umbria, e di Bologna. Da Pio V. fu creato Vefcovo di Gravina nel 1568 2. Agofto. Poi da Gregorio XIII. fù traflato al Vefcovado di Perruggia nel 1574. 5. Maggio (ivi dall' Ughello è chiamato *Jurifconfultus clariffimus, fingularifque exiftimationis Antiftes.* Fù poi dallo fteffo Papa Gregorio XIII. traflato nel 1579. 21 Ottobre (*hoc ipfum S. Carolo Borromæo apud Pontificem procurante, quippe qui optimis Prefulibus, ac fibi fimillimis fuffraganeis impenfius deleẟaretur,* &c. al Vefcovado di Novarra, dove mori nel 1584. a 18. Settembre, alle di cui efequie affifⱨè Carlo Borromeo, e fu fepolto nella Cattedrale.

Dall' Itaglia Sacra di Ferdinando Ughello.
Notizie ritrovate in una carta fra quelle dell' Originale di quefto MS.

IL FINE.

www.ingramcontent.com/pod-product-compliance
Lightning Source LLC
Chambersburg PA
CBHW071952090426
42740CB00011B/1912